高等职业教育铁道运输类新形态一体化系列教材

机务一次标准化作业

常　玮◎主　编
王　利　尹英杰◎副主编
陈卫强◎主　审

中国铁道出版社有限公司

2024年·北　京

内 容 简 介

本书为高等职业教育铁道运输类新形态一体化系列教材之一。全书紧扣职业教育的特点，本着强化岗位技能的实际、实用原则，以机车乘务员一次乘务作业标准为主线，以 HXD_{3B} 型电力机车为对象，设置待乘、出勤、接车、挂车、运行、退勤六大项目进行详细讲解。

本书可作为高等职业院校铁道机车运用与维护专业的教材，也可作为铁路相关专业技术人员的参考书。

图书在版编目(CIP)数据

机务一次标准化作业 / 常玮主编. -- 北京 : 中国铁道出版社有限公司, 2024.11. --（高等职业教育铁道运输类新形态一体化系列教材）. -- ISBN 978-7-113-31624-2

Ⅰ. U292

中国国家版本馆 CIP 数据核字第 2024PF5812 号

书　　名：机务一次标准化作业
作　　者：常　玮

责任编辑：亢丽君　　编辑部电话：（010）51873205　　电子邮箱：67204751@qq.com
封面设计：刘　莎
责任校对：刘　畅
责任印制：高春晓

出版发行：中国铁道出版社有限公司（100054，北京市西城区右安门西街 8 号）
网　　址：https://www.tdpress.com
印　　刷：北京联兴盛业印刷股份有限公司
版　　次：2024 年 11 月第 1 版　2024 年 11 月第 1 次印刷
开　　本：787 mm×1 092 mm 1/16　印张：6　字数：127 千
书　　号：ISBN 978-7-113-31624-2
定　　价：28.00 元

前言

我国铁路的快速发展使得大量新技术、新工艺、新材料、新设备不断投入使用。新的形势对铁路相关专业人才提出了更高的要求，生产一线急需熟练掌握专业技能、在关键岗位发挥骨干作用的高素质技术技能人才。这就迫切需要更加契合专业特色的教材，以适应现今铁路网络化、智能化的发展形势。

作为职业教育院校，培养具有创新精神与实践能力的高素质人才是我们的根本目标和特色所在。本书涉及主要岗位为机车乘务员和机务检修人员，内容的设置着重突出对铁道机车运用与维护专业应用实践的训练和考察，通过学习和实作训练，能够提高该专业学生的职业素养和职业技能，为就业时的选择及实际工作奠定坚实的基础。

本书紧扣职业教育的特点，根据行动导向的教学理念及任务导向的教学思路进行设计，以铁路机务岗位实际工作过程为依据，以一次乘务作业标准为主线、HXD_{3B}型电力机车为对象，采用项目—任务的编排方式，引导学生自主学习。本书针对一次乘务作业标准所包含的各个典型工作场景设置了待乘、出勤、接车、挂车、运行、退勤六大项目。

本书由石家庄铁路职业技术学院常玮担任主编，石家庄铁路职业技术学院王利、尹英杰担任副主编，中国铁路郑州局集团有限公司新乡机务段职工教育科陈卫强担任主审。石家庄铁路职业技术学院崔宏光、吴松、王玉彩，中国铁路北京局集团有限公司调度所张祎洋，中国铁路西安局集团有限公司调度所杜剑飞参与编写。具体编写分工如下：常玮编写项目一；吴松、王玉彩编写项目二；张祎洋编写项目三；王利编写项目四；尹英杰、崔宏光编写项目五；杜剑飞编写项目六。

由于编者水平及实践经验有限，书中难免有疏漏和不妥之处，敬请广大读者批评指正。

编者

2024年7月

目 录

项目一
待　乘

任务一　机车乘务员基本管理制度认知

学习目标

1. 掌握机车乘务员任职资格。
2. 掌握机车乘务员岗位职责及要求。
3. 熟悉驾驶证类别及取证流程。

相关知识

机车乘务员职名包括动力分散型电力动车组司机(副司机)、动力集中型电力动车组司机(副司机)、动力集中型内燃动车组司机(副司机)、电力机车司机(副司机)、内燃机车司机(副司机)。初任机车乘务岗位但未定职副司机之前的使用学员职名。

一、机车乘务员任职资格

1. 学员任职资格条件

年龄18周岁及以上、45周岁以下;身体健康,符合《铁路机车车辆驾驶人员健康检查规范》规定的健康标准,有良好的汉字读写能力并能熟练运用普通话交流;具有国家承认的中专及以上学历(动力分散型电力动车组学员具有国家承认的机车车辆或机电类专业大专及以上学历)。

2. 副司机任职资格条件

内燃(电力)机车副司机、动力集中型内燃(电力)动车组副司机必须进行机务乘务学习半年及以上或乘务学习行程3万km及以上,经铁路局集团公司机务、职工培训、劳卫部门组织考核合格,取得“铁路岗位培训电子证书”。动力分散型电力动车组副司机必须是全日制高校毕业生或从事动车组机械师工作2年及以上，具有国家承认的大专及以上学历、机车车辆或者机电类专业的人员，在动力分散型电力动车组机务乘务学习半年及以上或乘务学习行程5万km及以上，经铁路局集团公司机务、职工培训、劳卫部门组织考核合格，取得“铁路岗位培训电子证书”。

大学毕业生在机务乘务岗位(机车)的实习时间可计算为乘务经历(学习)时间。

对达到一定年龄的机车及动力集中型动车副司机，参加铁路机车车辆驾驶资格考试不合格或无故不参加考试的，原则上调整出机务乘务岗位。

动力分散型电力动车组副司机是培训性、台阶性岗位，非升即转；担当动车组副司机超过三年，不能通过国家动车组司机晋升考试或无故不参加本单位安排的国家动车组司机晋升考试者，调整出动车组副司机岗位。

3. 司机任职资格条件

取得国家铁路局颁发的准驾机型对应的铁路机车车辆驾驶证，满足下列条件后，方可单独值乘：

(1)内燃(电力)机车司机、动力集中型内燃(电力)动车组司机经机务段组织鉴定合格。

(2)由内燃(电力)机车司机或动力集中型内燃(电力)动车组司机增驾取得动力分散型电力动车组司机驾驶资格后，上线看道、实际操作训练分别不少于3 000 km并经机务段组织鉴定合格；担当动车段(所)内作业的动力分散型电力动车组司机还应跟班作业不少于10班，并经机务段组织鉴定合格。

(3)由动力分散型电力动车组副司机取得动力分散型电力动车组司机驾驶资格后，须先在铁路局集团公司调度所、车站和动车段(所)分别进行不少于3个月、2.5个月、2.5个月的学习，再在胜任人员的指导监督下操作动力分散型电力动车组不少于3个月，经机务段组织鉴定合格。

二、机车乘务员岗位管理

1. 岗位职责

(1)司机的主要职责

司机的主要职责是遵章守纪、爱护机车(动车组)、平稳操纵、安全正点；认真执行一次乘务作业标准，做到“彻底瞭望、确认信号、准确呼唤、手比眼看”；努力学习技术业务知识，不断提高操纵技术和应急处置能力，质量良好地完成运输任务。

(2)副司机的主要职责

副司机的主要职责是在司机的领导下，认真执行一次乘务作业标准。

2. 岗位管理

机车乘务员原则上不得从事非机车乘务工作，特殊情况下从事非乘务作业及非在岗人数原则上不超过机车乘务员总数的2%。

机车乘务员离岗15天及以上，上岗前应组织重新看道；离岗超过30天及以上，机务段应按规定组织岗前适应性培训，经鉴定合格后方可重新上岗。

机车乘务员应定期进行健康检查，生理指标、驾驶适应性指标应达到《铁路机车车辆驾驶人员健康检查规范》规定的标准。机车乘务员因生理、心理及其他原因不再适合继续担当机车乘务工作的，或发生严重违章违纪、严重行车（人身）事故、年度考核不合格的，应按规定退出机务乘务岗位。

机车乘务员不适合担当动车组、旅客列车、单司机值乘等岗位的，应调整到其他乘务岗位。

自 2020 年开始，铁路部门启动了女性动车组司机培养试点工作。针对女性心理、生理特点，明确了劳动保护、岗位适应性等相关规定，维护其身心健康。

三、驾驶资格管理

1. 机车系列驾驶证类别

机车乘务员担当机车乘务工作，须持有所驾机型的机车系列驾驶证。机车系列驾驶证共分 9 个类别，对应的准驾机型及代码如下：

J1 类准驾动车组和内燃、电力机车。

J2 类准驾动车组（不含动力集中型电力动车组）和内燃机车。

J3 类准驾动车组（不含动力集中型内燃动车组）和电力机车。

J4 类准驾动车组（不含动力分散型电力动车组）和内燃、电力机车。

J5 类准驾内燃机车。

J6 类准驾电力机车。

J7 类准驾动力分散型电力动车组。

J8 类准驾动力集中型内燃动车组。

J9 类准驾动力集中型电力动车组。

2. 驾驶证申请条件及取证流程

（1）申请条件

①初次申请

初次申请的对象为副司机。初次申请驾驶证，只能申请机车系列 J5、J6、J7、J8、J9 类中的一种。申请人应当符合《铁路机车车辆驾驶人员资格许可办法》规定的年龄、健康及乘务学习经历等条件。

初次申请驾驶证时，乘务学习经历要求（乘务学习经历计算时间为：自取得副司机任职资格起，至理论考试报名截止日期时止）：

a. 内燃（电力）机车司机：连续机务乘务学习 1 年以上或者机务乘务学习行程 6 万 km 以上。

b. 动力集中型内燃（电力）动车组：连续动力集中型内燃（电力）动车组机务乘务学习 1 年以上且乘务学习行程 6 万 km 以上。

c. 动力分散型电力动车组司机：连续动力分散型电力动车组机务乘务学习行程 20 万 km，或者连续动力分散型电力动车组机务乘务学习 2 年以上且乘务学习行程15 万 km

以上，或者连续担任动力分散型电力动车组机械师 2 年以上且连续动力分散型电力动车组机务乘务学习行程 10 万 km 以上。

②增驾申请

申请增加机车系列准驾机车类型，称为增驾。申请增驾每次只可申请一种机车类型。具有 J5、J6、J7、J8、J9 类中的一种或多种驾驶资格申请增加时，满足 J1、J2、J3、J4 类准驾类型条件的，应当合并升级准驾机型。申请人应当符合《铁路机车车辆驾驶人员资格许可办法》规定的年龄、健康及乘务学习经历等条件。

申请增驾时，乘务学习经历要求：

a. 内燃机车司机、电力机车司机、动力集中型内燃动车组司机、动力集中型电力动车组司机申请相互增驾及动力分散型电力动车组司机申请增驾内燃（电力）机车、动力集中型内燃（电力）动车组：驾驶现机型 1 年以上且安全乘务 6 万 km 以上。

b. 内燃机车司机、电力机车司机、动力集中型内燃动车组司机、动力集中型电力动车组司机申请增驾动力分散型电力动车组：驾驶现机型 2 年以上且安全乘务 10 万 km 以上。

（2）取证流程

初次申请驾驶证和申请增驾的人员应当参加国家铁路局组织的考试。考试包括理论考试和实际操作考试（以下简称实作考试）。理论考试内容包括行车安全规章和专业知识两个科目。实作考试内容包括检查与试验、驾驶两个科目。经理论考试合格后，方准予参加实作考试。理论考试或者实作考试如有一个科目不合格，即为考试不合格。

理论考试合格人员凭国家铁路局提供的理论考试合格通知单，在相应申请考试机型进行不少于 3 个月的实际操作训练后（实际操作训练必须在胜任司机的监督下进行），方可申请参加实作考试。

理论考试成绩 2 年内有效，起始日期以理论考试合格通知单的签发日期为准。未在有效期内完成实作考试的，本次理论考试成绩作废。在理论考试合格通知单有效期内，申请人最多可参加 3 次实作考试。

机车乘务员符合驾驶资格申请条件且考试合格后，即可按规定申请获得相应类别的机车驾驶证。

任务实施

任务名称	机车乘务员基本管理制度认知	任务编号	1-1
任务目的	1. 掌握机车乘务员任职资格。 2. 掌握机车乘务员岗位职责及要求。 3. 熟悉驾驶证类别及取证流程。		
任务实施	1. 机车乘务员的职名有哪些？ 2. 学员、副司机、司机岗位任职资格是如何规定的？ 3. 司机的主要职责是什么？ 4. 副司机的主要职责是什么？ 5. 机车系列驾驶证分哪几类？		

评价反馈

考核项目	考核要点	分值	自评	互评	师评
实践能力	机车乘务员任职资格的掌握情况	30			
	机车乘务员岗位职责及要求的掌握情况	30			
	驾驶资格管理	20			
职业素质	安全意识、遵章守纪、团队合作	20			
小计					
权重(自评30%＋互评30%＋师评40%)总分					

任务二　机车乘务员待乘保休制度认知

学习目标

1. 掌握机车乘务员待乘休息时间规定。
2. 掌握机车乘务员待乘各项要求。

相关知识

一、待乘休息及间休时间规定

担当夜间乘务工作的机车乘务员，必须实行班前待乘休息。铁路局集团公司应制定机车乘务员待乘休息管理制度，统一规定待乘休息的起止时间。机务段应制定细化落实措施，明确规定各待乘车次的具体待乘时间并予以公布。

机车乘务员待乘卧床休息不少于 4 h；非常预备乘务人员应等同待乘机班，纳入待乘管理范围。机务段应建立“机车乘务员待乘室待乘休息记录簿”，如图 1-1 所示。

年　月　日									值班员姓名：		
司　机	司　机	副司机	计划开车车次	计划开车时间	计划待乘时间	待乘房间	入寓时间	叫班时间	离寓时间	休息时间	备注
车间值班干部检查情况： 检查人：　职务：　检查时间：						段值班干部检查情况： 检查人：　职务：　检查时间：					

图 1-1　机车乘务员待乘室待乘休息记录簿

二、待乘各项要求

1. 不得饮酒

保休前、出勤前不得饮酒，确保充分休息、精力充沛。出入寓（含待乘室、待乘点、间休室）、请假出寓返回销假时均须测酒，测酒时，须保证头像清晰；测酒超标，须停止工作。

2. 手机上交

保休期间，不得接打电话，保证机车乘务员能充分休息。

3. 充分休息

按时卧床休息，一次连续保休必须达到规定时间，不得做影响保休的活动。

4. 离寓(待乘室)

离寓时须按压指纹，未设指纹签到设备或设备故障时需登记。需外出时，必须请销假并登记，时间不得超过 1 h。

任务实施

任务名称	机车乘务员待乘保休制度认知	任务编号	1-2
任务目的	1. 掌握机车乘务员待乘休息时间规定。 2. 掌握机车乘务员待乘各项要求。		
任务实施	1. 机车乘务员待乘时间是如何规定的？ 2. 机车乘务员待乘期间有何要求？		

评价反馈

考核项目	考核要点	分值	自评	互评	师评
实践能力	机车乘务员待乘时间规定的掌握情况	40			
	机车乘务员待乘期间各项要求的掌握情况	40			
职业素质	安全意识、遵章守纪、团队合作	20			
小计					
权重(自评 30%＋互评 30%＋师评 40%)总分					

项目二
出　　勤

任务一　出勤基本要求认知

学习目标

1. 掌握出勤作业基本要求。
2. 掌握出勤作业程序及作业标准。

相关知识

一、出勤作业基本要求

机车乘务员出勤必须按规定着装，保持良好的精神状态，携带必备证件和规章，接受酒精含量检测。证件不全、未经酒精检测或酒精检测不合格严禁出勤。

机车乘务员出勤时应携带的证件有：工作证、驾驶证、岗位培训合格证（鉴定期间由机务段出具书面证明）、《电气化安全培训合格证》（在电气化区段下作业时须携带）。

机车乘务员出勤时应携带的规章有：《铁路技术管理规程》《铁路机车操作规则》以及安全风险卡、作业指导书（或提示卡）等资料（汛期同时携带《汛期危险地点一览表》）。

二、出勤作业程序及作业标准（表 2-1）

表 2-1　出勤作业程序及作业标准

	作业程序	作业标准
出勤	1. 按时出勤	按规定着装，指纹确认，测酒，携带证件，写入 IC 卡；领取报单、手册、运行揭示、施工明示图；客车领取列车时刻表及监控提示卡

续上表

出勤	2. 核对揭示	全员核对，逐条勾划，IC验卡，模拟开车
	3. 阅读通报	阅读通报，记录LKJ最新版本号，重点要求记入手册
	4. 全员出勤	核对揭示，听取传达，了解接车地点

任务实施

任务名称	出勤基本要求认知	任务编号	2-1
任务目的	1. 掌握机车乘务员出勤基本要求。 2. 掌握出勤作业程序及作业标准。		
任务实施	1. 机车乘务员出勤作业基本要求是什么？ 2. 机车乘务员出勤作业应携带哪些证件？		

评价反馈

考核项目	考核要点	分值	自评	互评	师评
实践能力	出勤作业基本要求的掌握情况	40			
	出勤作业程序及作业标准的掌握情况	40			
职业素质	安全意识、遵章守纪、团队合作	20			
小计					
权重(自评 30%+互评 30%+师评 40%)总分					

任务二　出勤作业

学习目标

1. 掌握有出勤调度员组织的出勤作业流程。
2. 掌握使用自助出勤设备时的出勤作业流程。

相关知识

一、有出勤调度员组织的出勤作业

1. 测酒

出勤时，全员应按季节穿全套作业服(机务段结合季节变化确定更换作业服时间)，主、副班司机相同着装，衣着整洁，携带必备证件及规章，准时到机车调度员处报到，接受指纹及影像识别，进行酒精含量测试。证件不全、未经酒精检测或酒精检测不合格严禁出勤。运安系统作用不良时，测酒合格后，在司机手册上加盖测酒合格章。

2. 写入 LKJ 临时数据

出勤调度员对主、副班司机即将使用的 IC 卡写入数据，写卡后告知写入 IC 卡的揭示总条数及乘降所揭示条数、旅客列车车速等级。LKJ 临时数据中涉及长(短)链及 IC 卡不控(误控)时一并告知，司机应重点掌握做好预想。

LKJ 数据换装时，出勤调度员须将 LKJ 最新版本号通知司机，司机应将 LKJ 最新版本号记录在司机手册“LKJ 版本号”栏内。

3. 领取资料、听取传达

(1)领取司机报单、司机手册、手持电台或 GSM-R 手持终端(须确保作用良好)、运行揭示(每人一份)、施工明示图(每班一张)，旅客列车还需领取列车时刻表、监控提示卡、司机确认列车时刻表、监控提示卡、运行揭示符合本次乘务要求。遇列车时刻表、区段运行标尺变化时，出勤调度员需向司机说明变化项点。

按项目填写司机手册，对不需填记的项目可划斜杠。担当区段内无运行揭示或无施工明示图时，不需交付司机，在司机手册内填写揭示“0 条”(0 张)，司机需对照出示的运行揭示进行核对。电话出勤时，司机接到交付揭示和 IC 卡后，需与所属车间的出勤调度员进行电话核对。遇特殊情况不能打印交付揭示时，出勤乘务员须手抄交付揭示，主管运用副主任、出勤调度员、司机共同核对。

(2)出勤调度员根据“机车乘务员出勤指导传达簿”的内容，逐项传达有关要求、注意事项；需要记名传达的，司机必须签认。通知司机执行乘务任务的列车车次、机车型号、接车地点等。司机须确认机车型号能够满足自身操纵要求。当司机使用乘前休息证明书时，出勤调度员乘前休息证明书审核并盖章。

4. 阅读通报通告

(1)运安系统作用良好时，全员分别按压指纹登录系统，阅览通知、通报等传达内容。未设运安系统或作用不良时，阅读通报、通告，了解相关要求。

(2)司机可根据值乘区段的天气、施工等情况，综合 LKJ 数据、运行经路、列车类别、机车类型等变化情况做好安全预想，结合需要记录的事故传达、要求等一并记录在司机手册内。

(3)担当固定经路列车执乘任务的司机出勤时，要在司机手册内具有分歧方向的车站名后的备注栏以图形或文字的形式标记本次运行经路上进路表示器的显示方式，主、副班司机要互相核对确认。

5. 核对交付揭示

(1)运安系统作用良好时，司机在触摸屏按压指纹登录，选择担当区段，核对交付揭示。运安系统作用不良或未设触摸屏时，对照运行揭示橱窗(揭示夹)进行核对。

(2)全员逐条确认出示的运行揭示(使用触摸屏时逐条点击)，与本次执乘任务有关时，副司机读运行揭示，司机对照交付揭示进行核对，司机、副司机在各自交付揭示的序号前划“√”，司机、副司机核对有关揭示一致。单班单司机值乘时，由司机读、核，核对正确后在交付揭示上对应职名处签字确认。

确认本次乘务时间内不能经过的运行揭示(旅客列车按正点或晚点 2 h 经过的施工地点确定，出勤明确晚点时间的按实际晚点时间另加 2 h 确定)以及旅客列车固定经路外、超过担当列车车速等级以上的运行揭示均视为无关运行揭示，不做标记。

(3)司机将执乘区段内的车站站名在自己司机手册(双班单司机为各自的司机手册，下同)上写全(调车机、小运转列车除外)。根据确认后即将经过的运行揭示，在司机手册中将运行揭示中涉及的施工、慢行起始车站(站内施工时为该站)及乘降所停车站站名栏下划一横线。乘降所停车站站名的备注栏内填记 IC 卡内写入的限速 0 km/h 起止里程。

6. IC 卡验卡

(1)运安系统作用良好时，全员分别将 IC 卡插入读卡器进行验卡，手动输入工号、区段号、车站号、车次车种、本务(补)机、客(货)类别，设备提示“验卡正确通过，可控揭示××条”，验卡完毕取出 IC 卡。提示验卡错误时，按照提示项点重新操作。发现与交付揭示内容不符时，要求出勤调度员重新写入，并重新验卡。

(2)运安系统作用不良或未设运安系统时，全员分别将 IC 卡插入模拟台进行验卡。主、副班司机有声核对工号、区段号、车站号、车种、车次、客/货类别、本/补类别，确认总条数正确，核对有关揭示调度命令号码及内容(副司机读、司机核对)。发现与揭示内容不符时，要求出勤调度员重新写入，并重新验卡。

(3)在设备提示验卡通过后，再将 IC 卡插入模拟运行测试设备，读取 IC 卡内的 LKJ 临时数据，一是确认 LKJ 临时数据总条数与出勤调度员通知的总条数一致；二是逐条核对相关的交付揭示与LKJ临时数据中的时间、地点、限速值一致，特殊数据一并核对，然后将该条揭示在IC卡中的顺号标注在交付揭示对应的内容后面。同时，司机填写“机务派班室LKJ临时数据录入登记簿”与出勤调度员核对后，双方签认。

（4）确认IC卡故障时，由出勤调度员换卡、重新写卡、验卡。

（5）使用备用IC卡出勤时，须在派班室进行验卡，核对无误后，由主管运用副主任（或值班干部）指派胜任干部随同司机到执乘机车上，将备用IC卡的临时数据输入LKJ内，并根据交付揭示，共同核对LKJ临时数据信息，确认无误后，再输入司机号、车次、区段号、车速等级等参数，并提示司机禁止再进行插卡操作。备用IC卡由监控干部带回派班室或根据需要监控下一乘务班组使用。派班室因停电等原因无法验卡时，由司机、监控干部到执乘机车上共同核对LKJ临时数据信息。

（6）使用备用IC卡输入数据后，无特殊原因LKJ禁止关机。遇特殊情况造成LKJ重新开机时或柴油机停机重新启动后，须核对LKJ临时数据文件，发现LKJ内临时数据丢失时，司机要报告所属运用车间派班室。

7. 模拟开车

（1）遇有施工明示图时，须在模拟运行测试设备上进行模拟操作并接受指导，明确行车办法，掌握监控装置操作；模拟操作时，将IC卡揭示内容输入模拟台LKJ内，修改LKJ时间与施工时间相符，输入相应的交路号、车次、车速等级等相关数据，通过车位调整在施工对应处所进行LKJ实际操作，双人执乘时另一人进行监督。模拟运行测试设备提示模拟操作未完成时，司机需对未完成的模拟项点重新操作。

（2）模拟操作完成后，负责培训指导的干部在司机手册运行注意事项栏登记“××站施工培训合格”，并签字。指导后的司机对于行车办法仍不清楚或监控装置仍不会操作时，严禁出勤。

8. 出勤

（1）全员到出勤调度员处出勤。

司机：“××次（或××站×调）机班出勤”。

（2）出勤调度员：“核对揭示”。

司机报告交付的运行揭示总条数、有关运行揭示条数，按顺序叙述有关运行揭示的调度命令号码，副司机、出勤调度员逐一核对、确认。

报告用语：交付揭示××条、有关揭示××条，有关揭示调度命令号码××××、××××……。

（3）出勤调度员对主、副班司机手册进行审核，在司机手册及司机报单上签注出勤时间并盖章。

（4）出勤前、后不得携带除手机、手持电台（G网手持终端）以外的电子设备。

（5）机务段所属调车机乘务员集中出勤时，可由运用车间干部负责组织工作，集中传达通报、通告、安全注意事项等。电话出勤时，由司机与出勤调度员核对运行揭示（遇有施工明示图时，由运用干部负责指导行车办法、LKJ操作），出勤调度员传达相关事项时司机复诵，在司机手册填记出勤时间、出勤调度员姓名。

(6)使用运安系统进行出勤控制时，遇集中出勤时间段：乘前传达、核对运行揭示、验卡、模拟开车环节可平行进行，减少出勤作业时间。

二、使用自助出勤设备时的出勤作业

(1)测酒：机班全员按压指纹登录后，根据提示及时进行酒精含量测试。

(2)打印交付揭示和写入 LKJ 临时数据，根据交付揭示在触摸屏(模拟验卡设备)逐条核对揭示内容。写入 LKJ 数据期间不得操作显示界面。

(3)按规定完成核对揭示、校验 IC 卡、模拟开车后，再次按压指纹登录，如果以上控制措施均完成时提示出勤成功，在司机手册和报单上标记此时的时间作为出勤时间。

任务实施

任务名称	出勤作业	任务编号	2-2
任务目的	1. 掌握有出勤调度员组织的出勤作业流程。 2. 掌握使用自助出勤设备时的出勤作业流程。		
任务实施	1. 简述有出勤调度员组织时的出勤作业流程。 2. 使用自助出勤设备时的出勤作业流程是什么？		

评价反馈

考核项目	考核要点	分值	自评	互评	师评
实践能力	有出勤调度员组织的出勤作业流程的掌握情况	40			
	使用自助出勤设备时的出勤作业流程的掌握情况	40			
职业素质	安全意识、遵章守纪、团队合作	20			
小计					
权重(自评30%＋互评30%＋师评40%)总分					

项目三
接　　车

任务一　接车作业

学习目标

1. 掌握段内接车作业过程。
2. 掌握车站接车作业过程。

相关知识

一、段内接车

全员同行，按固定路线行走，横越线路时须一停、二看、三通过。

1. 按职分工、对口交接

查阅“机车交接班记录簿”，了解机车运用、检修情况，领取、检查、交接工具及备品（或确认施封良好），交接耗电量并做好记录。确认列车供电系统检查和试验记录，机车关键部件整备合格证等符合规定。调车机乘务员应确认防撞土挡装置作用良好。

2. 检查防护用品

司机（配备副司机执乘时则由副司机）检查灭火器、防护用品（响墩、火炬、短路铜线）齐全，产品在使用有效期内。信号旗、铁鞋、复轨器及配件齐全良好。

3. 车载设备检测

（1）司机（地检司机）配合电务检测人员进行车载设备检测，确认状态良好、检测合格证符合要求后方可在检测记录签名（盖章）。未按规定取得合格证的机车不准出段。

（2）虽经检测车载设备技术状态良好，但检测后在库内停留超过 24 h 的机车，出库前须重新检测、签发合格证。

(3)车载设备检测合格证随机车全程携带和交接。司机办理交接填写值乘日期、车次及设备交接和文件转储情况,需说明的事项填写在情况摘要栏。车载设备检测合格证不得随意涂改,途中丢失司机应在“机车交接班记录簿”登记。

(4)电务检测人员作业前,司机须确认单独制动阀(简称单阀)置于“全制”位。检测过程中,司机须在司机位置负责操作制动机、主手柄和换向手柄,严禁其他人员操作。检测完毕后,司机应再次确认机车单阀置于“全制”位,主手柄置于“0”位,换向手柄置于“中立”位。

4. 输入IC卡揭示

(1)司机输入IC卡数据、库内作业车次。副司机阅读手持揭示,司机有声确认IC卡数据。单班单司机值乘时,由司机阅读手持揭示并核对。

(2)揭示发送失败时应重新插卡发送。仍不能正常发送时,须及时通知车载设备检测人员处理,否则严禁出段。

(3)核对LKJ数据版本号,当其不是最新版本号时机车不得出库,司机及时报告派班室联系电务检测工区更换。

二、车站接车

全员同行,按固定路线行走,横越线路时须一停、二看、三通过。

(1)接班司机了解机车状态,交班乘务员填记“机车交接班记录簿”,交接耗电、机车运用状态、故障情况、行车安全装备质量情况及工具备品,清扫司机室。转储数据,确认文件完整。交接作业完毕,接班司机输入IC卡数据,副司机阅读手持揭示,司机有声确认IC卡数据。单班单司机值乘时,由司机阅读手持揭示并核对。揭示发送失败时应重新插卡发送。仍不能正常发送时,通知列车调度员,按列车调度员指示办理。

货物列车交接班完毕后,接班司机要及时报告车站。

对运行在计划施工结束并开通使用线路上的机车,司机发现LKJ数据版本与前方计划施工结束版本不一致时,报告车站值班员。

(2)对旅客列车,接班司机应在列车到达前在机车停车位置处的安全白线以内,面向来车方向成45°角立正站立;电力机车司机须目视受电弓、接触网状态。

(3)机车需进行转线连挂、调车作业时,由交班司机负责;交接班后,由接班司机负责。到达机车有质量问题时,交班司机已离开需入库时由接班司机负责。

(4)车站换班检查项目:

①内燃机车司机(副司机)在换班车站检查项目

司机检查机车排障器,制动系统各风管管路及塞门位置,轮对迟缓标记,螺纹防缓线,轴箱温度、轴箱弹簧及衬板,闸瓦与轮对踏面的缓解间隙(闸片与轮盘间隙),闸瓦及穿销,制动缸活塞行程,空气干燥器,速度传感器,蓄电池箱锁闭状态,车钩及列车管的连接,折角塞门状态。

副司机检查各部油水位,油水管路有无漏泄,变速箱及主发电机,启动(辅助)电机,励磁机及空气压缩机等主要电机的轴承温度,行车安全装备及防护用品。

②电力机车司机(副司机)换班车站检查项目

司机检查牵引控制电器柜,空气制动控制柜,各辅助机组,空气压缩机工作状态及各个保护电器开关位置,高压电器柜、硅整流柜,主变压器油温、油位和行车安全装备,目测受电弓状态。

副司机检查:轴箱温度,轮缘润滑装置,轴箱弹簧,制动盘可见部分,砂箱,轴箱拉杆,牵引杆吊索处在松缓状态,闸瓦与轮对踏面的缓解间隙(闸片与轮盘间隙),闸瓦及穿销,车钩及软管的连接,折角塞门状态。

(5)接班司机应确认 LKJ 工况显示与换向手柄位置一致。

(6)单班单司机值乘的货物列车在规定的换乘站,换班时间在 3 min 以内时,交班及接班司机均不检查机车;LKJ 只输入接班的司机代号,不进行文件转储(担当跨段继乘任务或需重新输入 IC 卡揭示数据除外);时间不允许时,可不输入司机代号,在前方停车站停车后再输入。具备换班后立即开车条件时,由车站提前通知交班司机,交班司机向接班司机传达;换班后询问车站确认不能立即开车时,进行制动机简略试验及机车检查。

(7)遇机车砂量不足需补充砂量时,由交班司机负责。交班乘务组为单班单司机时,由接班、交班司机共同负责。

(8)途中换班或换乘时,交班乘务员将接到的有关调度命令或口头指示向接班或换乘的乘务员交接清楚。

(9)车站交班时,由交班乘务员对机车司机室进行保洁清扫。

任务实施

任务名称	接车作业	任务编号	3-1
任务目的	1. 掌握段内接车作业过程。 2. 掌握车站接车作业过程。		
任务实施	1. 简述段内接车作业过程。 2. 简述车站接车作业过程。		

评价反馈

考核项目	考核要点	分值	自评	互评	师评
实践能力	段内接车作业过程的掌握情况	40			
	车站接车作业过程的掌握情况	40			
职业素质	安全意识、遵章守纪、团队合作	20			
小计					
权重(自评 30%+互评 30%+师评 40%)总分					

任务二　机车检查作业

学习目标

1. 熟悉机车检查基本方法。
2. 掌握 HXD3B 型电力机车检查作业内容及标准。

相关知识

一、机车检查基本方法

机车的检查方法可分为目视检查、锤检法、手检法、测量法、鼻嗅法。

目视检查是检查机车外部状态的一种方法。检查运用中的机车状态，例如部件裂纹、松缓、磨耗、变色、漏泄、丢失、火花、卡滞等，砂储量、工具备品、消防器材、仪表等均采用目视检查。

锤检法即锤击检查，是以检验锤敲打部件的声音和锤的振动反拨力的强弱来判断部件安装是否牢固，或同时用另一只手接触感觉来判断零件的状态。

在锤击检查时应注意以下几个问题：

(1)在敲打螺栓时，应向紧固方向打，以免把紧固的螺栓敲松。

(2)在敲打双重螺母时，应先敲内侧，注意勿使其失去内外螺母互相紧固的作用。

(3)敲击部件时，锤头要放正。注意稳、准，思想集中，手、眼、耳一致，力求检查结果准确无误。

(4)敲击部件时应根据部件大小，用力要轻重适当，防止操作部件及破片飞出伤人，做到安全检查，文明检查。

手检法即手触检查法，是用手指背部接触部件，感受其温度。手触时应先用手指感觉温度，再用手背判断温度。温度检查方法参考表 3-1。

表 3-1　温度检查方法

热别	相应的温度	判断方法	热别	相应的温度	判断方法
平热	40 ℃上下	能长时间手触	激热	150 ℃上下	变色
微热	70 ℃上下	手触能持续 3 s	烧热	150 ℃以上	生烟
强热	90 ℃上下	不能手触			

测量法检查是用测量工具、仪表测量间隙、距离、行程的限度尺寸及电流、电压、电阻值等。使用适当工具测量相应数据。

鼻嗅检查是用嗅觉器官来判断部件及电气线路橡胶部件、电机绕组或装置的发热、烧损、着火。

二、机车检查前的准备工作及安全注意事项

检查人员着装：头戴工作帽、身穿工作服、脚穿绝缘胶鞋；右手持检查锤、左手持手电筒。

机车准备工作：

(1)将运用状态良好的机车停放在有地沟、平直的整备线上。

(2)机车前后两端设置安全渡板。

(3)机车第2、5动轮应在不同方向打止轮器，机车空气制动阀置于制动位，机车单阀挂上“禁动牌”。

(4)司机应穿戴、使用劳动保护用品。

(5)防止异物落入电机及高、低压电器柜内。

(6)电力机车降弓，并断开隔离开关；蓄电池电源断开。

(7)上下机车时应手把牢，脚站稳，面向机车，注意人身安全。确认车顶接触网隔离开关在断开状态，并且接地后，方可登上车顶检查机车。

三、机车检查

机车段内检查分为走行部检查、底部检查、中部检查、顶部检查，下面以HXD3B型电力机车为例进行说明。

1. HXD3B型电力机车走行部检查(表3-2)

表3-2 HXD3B型电力机车走行部检查项目

序号	部　件
1	头灯，副灯，标志灯，前窗玻璃，标志标记
2	扶手，脚踏板，重联插座，排障器，平均软管，总风软管，制动软管
3	车钩各部，车钩三态
4	车体侧墙
5	司机室门扶手，脚蹬，主电路、控制电路插座
6	机车信号，自动过分相，扫石器
7	砂箱，砂管，撒砂器，牵引杆固定
8	动轮，轴箱，基础制动装置及指示件，轮缘润滑装置
9	二系悬挂装置，减振器，高圆弹簧，侧挡

续上表

序号	部 件
10	变压器油箱各部及安装固定
11	辅助电路库用插座，转向架端梁，变压器油路
12	检查各轴箱轴承测温试纸温度显示符合要求

2. HXD3B 型电力机车底部检查(表 3-3)

表 3-3 HXD3B 型电力机车底部检查项目(实行专检专修的除外)

序号	部 件
1	车钩下部及缓冲装置
2	排障器，扫石器，车底照明灯具
3	总风管、列车管、平均管管路
4	横向油压减振器，牵引杆固定
5	信号接收线圈，自动过分相
6	动轮及基础制动装置各单元，牵引电机及悬挂装置(其余各轮对检查同此项)
7	变压器油箱底部

3. HXD3B 型电力机车中部检查(表 3-4)

表 3-4 HXD3B 型电力机车中部检查项目

序号	部 件
1	司机室各仪表，司机操纵控制手柄，各扳钮开关，电子制动阀 EBV，紧急放风阀，接线端子柜，保安设备，司机室各辅助设备
2	各牵引通风机，复合冷却通风机组
3	机械间门，各电器柜门，主、辅变流器柜及外观
4	TCMS、ATP 装置，电器控制箱，受电弓、主断功能模块，自动过分相装置
5	空气压缩机，空气干燥系统，空气管路柜，各风缸
6	信号、防护用具及随车工具

4. HXD3B 型电力机车顶部检查(表 3-5)

表 3-5 HXD3B 型电力机车车顶检查项目(实行专检专修的除外)

序号	部 件
1	受电弓，主断路器及接地开关，绝缘瓷瓶及车顶其他设备

四、HXD3B 型电力机车检查作业标准（表 3-6）

表 3-6 HXD3B 型电力机车检查作业标准

顺序	检查部位	检查内容及要求	检查方法
机车后端部	1. Ⅱ端部及排障器左侧	(1)前照灯、副前照灯、标志灯外观完好，重联插座锁闭装置良好、内部密封良好，各插孔无灼痕 (2)前窗玻璃、刮雨器、机车铭牌完好 (3)引导脚踏、各扶手无开焊、脱落 (4)排障器无变形，距轨面高度 100～120 mm	目视手检（无防缓标记的螺栓锤检）
	2. Ⅱ端左侧平均管、总风管	(1)折角塞门状态良好，无漏泄 (2)挂管卡良好 (3)连接器口面与地面应垂直，胶圈无老化、丢失 (4)软管无老化、龟裂，水压试验牌不超过 3 个月 (5)软管与机车中心线夹角应为 45°	
	3. Ⅱ端车钩	(1)钩提杆支架安装螺栓无松动，焊坡无开焊 (2)钩提杆无变形，提钩时自动开放无抗劲，全开位 220～250 mm (3)钩舌销无折损，开口销开度 45°～60°，钩舌销径向间隙 1～6 mm (4)锁铁浮动量 5～22 mm，钩舌与锁铁磨动部润滑良好，钩舌尾部与锁铁的侧向间隙 3～15 mm (5)钩体钩舌无裂纹，防跳台不少于 90° (6)钩舌厚度磨损不超过 8 mm，(原形 73 mm)，钩舌与钩耳间隙上下 8～10 mm (7)推动钩舌转动灵活，锁闭位 110～130 mm (8)吊杆无裂纹，磨动部油润良好 (9)钩体与托铁磨动部油润良好 (10)车钩中心线距轨面垂直高度 870～890 mm，两车钩连接后中心差不超过 75 mm (11)防跳销作用良好	
	4. Ⅱ端制动管	(1)折角塞门状态良好，接口无泄漏 (2)挂管卡良好 (3)连接器口面与地面应垂直，胶圈无老化、丢失 (4)软管无老化、龟裂，水压试验不超过 3 个月 (5)软管与机车中心线夹角应为 45° (6)风管卡子无松动	
	5. 右侧总风管	同Ⅱ端左侧总风管检查内容及要求	
	6. 右侧平均管	同Ⅱ端左侧平均管检查内容及要求	
	7. Ⅱ端部及排障器右侧	同Ⅱ端部及排障器左侧检查内容及要求	
机车右侧	8. Ⅱ端右侧司机室门	(1)侧窗安装牢固，玻璃密封良好。后视镜安装牢固无破损 (2)司机室门、扶手、脚踏板安装牢固无开焊	
	9. Ⅱ端右侧排障器内侧及右 4 撒砂器装置	(1)制动缸管及管卡良好 (2)砂箱外观良好，安装螺栓无松动。箱盖锁闭严密 (3)砂量充足，砂质干燥 (4)撒砂器、加热器安装牢固，撒砂管、干砂管、管卡良好，风管接头无松动，接线良好 (5)砂管支架安装牢固，砂管无堵塞，马蹄胶管无破损，管口应与轨面平行，距轨面高度 35 mm (6)扫石器安装牢固，胶皮完好无变形，距轨面高度 30 mm (7)单元制动器安装牢固，风管接头无松动，夹钳、弹停装置手动缓解拉手良好 (8)自动过分相感应装置安装牢固，接线无破损、无脱落	

续上表

顺序	检查部位	检查内容及要求	检查方法
机车右侧	10. 右 4 油压减振器	上、下支架无开焊，安装螺栓无松动，筒体无泄漏	目视 手检 （无防缓标记的螺栓锤检）
	11. 右 6 动轮及基础制动装置	（1）轮辐无裂纹 （2）踏面擦伤深度不大于 0.7 mm，缺陷或剥离长度不超过 40 mm，深度不大于 1 mm，轮缘垂直磨耗锥形踏面向上 11.25 mm 处测量 33～23 mm （3）基础制动装置安装良好无裂纹，闸片卡簧锁闭良好，闸片厚度 25 mm，闸片与制动缓解间隙 2～4 mm （4）制动盘厚度 52.5 mm，热裂纹长度不超过 65 mm，摩擦面磨伤深度不超过 1 mm，凹面不超过 2 mm （5）缓解拉环及弹簧良好，防尘罩无破损 （6）作用杆防沙土罩良好，调整装置良好，防缓螺母无松动 （7）作用杆及连接穿销、开口销完好，油润良好 （8）蓄能制动器风管接头无漏风	
	12. 右 6 轴箱及附近	（1）轴箱前后弹簧座无断裂、变形，弹簧胶垫无老化、龟裂 （2）轴箱止挡座无裂纹 （3）轴箱端盖安装螺栓齐全无松动 （4）轴箱温度正常，不超过 80 ℃ （5）轮缘润滑器油脂罐、各管接头、喷嘴、支架安装牢固，作用良好 （6）轴箱拉杆无裂纹，橡胶关节良好，前后安装螺栓无松动	
	13. 横向止挡、轴箱止挡及附近	（1）Ⅱ端空调进气百叶窗完好，无堵塞 （2）横向止挡、轴箱止挡、支架、安装螺栓、链完好 （3）转向架右侧构架各部焊坡无开焊 （4）转向架垂直支撑二系高圆弹簧无裂纹，橡胶座无老化、龟裂 （5）二系垂向油压减振器无漏油，安装螺母牢固无松动，上座及托板无裂纹	
	14. 右 5 轴箱各部	（1）车体侧挡良好，间隙正常 （2）车体与构架接地线安装良好 （3）其他部件参照前述检查内容及要求	
	15. 右 5 动轮及附近	（1）同右 6 动轮检查内容及要求 （2）第 5 轴机车速度传感器安装牢固、接线良好	
	16. 右 5 动轮制动装置	同右 6 动轮制动装置检查内容及要求	
	17. 右 4 轴箱各部	同右 6 轴箱检查内容及要求	
	18. 右 4 动轮	同右 6 动轮检查内容及要求	
	19. 右 4 动轮制动装置	同右 6 动轮制动装置检查内容及要求	
	20. 右 3 砂箱及撒砂装置	同右 4 撒砂器装置检查内容及要求	
	21. 主变压器	（1）变压器的防护罩板完好，AC 380 V 库用插座完好 （2）变压器吊装螺栓无松动，支架无裂纹 （3）各油管、卡箍、法兰安装良好无泄漏，油箱体外观良好无渗油 （4）变压器油泵支架、接线、弹性连接管、流量计、蝶阀完好 （5）加油口、放油口阀无泄漏，手轮铅封完好 （6）第Ⅰ、Ⅱ转向架制动指示器、弹停指示器安装及管接头良好，显示正确。制动状态红色，缓解状态绿色	

续上表

顺序	检查部位	检查内容及要求	检查方法
机车右侧	22. 右侧车体	车体应平整	目视 手检 （无防缓标记的螺栓锤检）
	23. 右2砂箱及撒砂装置	同右4撒砂装置检查内容及要求	
	24. 右3动轮及基础制动装置	同右6动轮及基础制动装置检查内容及要求	
	25. 右3动轮	同右6动轮检查内容及要求	
	26. 右3轴箱各部	(1)电机轴头端盖安装牢固,螺栓齐全无松动 (2)接地线安装螺栓无松动,断股不得超过10% (3)其他部件参照前述检查内容及要求	
	27. 转向架垂直支撑二系弹簧	二系弹簧良好,无裂纹、变形	
	28. 右2动轮及基础制动装置	同右6动轮及基础制动装置检查内容及要求	
	29. 右2动轮	同右6动轮检查内容及要求	
	30. 右2轴箱各部	同右6轴箱检查内容及要求	
	31. 右1轴箱杆装置	同右6轴箱拉杆检查内容及要求	
	32. 第1轴箱附近	同右6轴箱附近检查内容及要求	
	33. 右1动轮及基础制动装置	同右6动轮及基础制动装置检查内容及要求	
	34. 右1砂箱及撒砂装置	同右4撒砂器装置检查内容及要求	
	35. Ⅰ端右侧排障器内侧	同Ⅱ端左侧排障器检查内容及要求	
	36. Ⅰ端右侧司机室门及附近	同Ⅰ端左侧司机室门及附近前述检查内容及要求	
机车前端	37. Ⅰ端排障器左侧	同Ⅱ端排障器左侧检查内容及要求	
	38. Ⅰ端左侧总风管	同Ⅱ端总风管检查内容及要求	
	39. Ⅰ端车钩	同Ⅱ端车钩检查内容及要求	
	40. Ⅰ端制动管	同Ⅱ端制动管检查内容及要求	
	41. Ⅰ端右侧总风管	同Ⅱ端总风管检查内容及要求	
	42. Ⅰ端排障器右侧	同Ⅱ端排障器左侧检查内容及要求	
机车左侧	43. Ⅰ端左侧司机室门及附近	同Ⅱ端左侧司机室门及附近检查内容及要求	
	44. Ⅰ端左侧排障器内侧及左1撒砂装置	同Ⅱ端右侧排障器内侧及右4撒砂装置检查内容及要求	
	45. 左1动轮	同右6动轮检查内容及要求	
	46. 左1动轮及基础制动装置	(1)同右6动轮及基础制动装置检查内容及要求 (2)增检项点:检查弹停装置	

续上表

顺序	检查部位	检查内容及要求	检查方法
机车左侧	47. 左 1 轴箱各部	同右 6 轴箱检查内容及要求	目视 手检 （无防缓标记的螺栓锤检）
	48. 左 2 轴箱各部	同右 6 轴箱检查内容及要求	
	49. 左 2 动轮及基础制动装置	同右 6 动轮及基础制动装置检查内容及要求	
	50. 转向架垂直支撑二系弹簧	二系弹簧良好，无裂纹、变形	
	51. 左 3 轴箱各部	同右 6 轴箱检查内容及要求	
	52. 左 3 动轮	同右 6 动轮检查内容及要求	
	53. 左 3 动轮及基础制动装置	同右 6 动轮及基础制动装置检查内容及要求	
	54. 左 3 砂箱、撒砂装置及主变压器	(1)库用照明插座、辅电路库用插座安装牢固，盖、锁闭装置良好，内部无灼痕 (2)变压器油泵安装牢固，螺栓无松动 (3)进出油管、波纹管及阀连接法兰盘密封良好无泄漏，法兰螺栓紧固无松动 (4)油泵电机安装牢固，螺栓无松动，接线无脱落、破损 (5)油流表安装牢固，接线无松动、破损 (6)变压器吊装螺栓无松动，外罩完整无缺陷 (7)参照前述检查内容及要求	
	55. 左侧车体	(1)车体平整 (2)局段标志清晰完整	
	56. 左 3 砂箱及撒砂装置	同右 4 砂箱及撒砂装置检查内容及要求	
	57. 左 4 动轮及基础制动装置	同右 6 动轮及基础制动装置检查内容及要求	
	58. 左 4 轴箱各部	同右 6 轴箱检查内容及要求	
	59. 转向架垂直支撑二系弹簧及二系垂向油压减振器	二系油压减振器良好，安装牢固，无漏油	
	60. 左 5 动轮及基础制动装置	同右 6 动轮及基础制动装置检查内容及要求	
	61. 左 5 轴箱各部	同右 6 轴箱检查内容及要求	
	62. 左 2 牵引杆装置各部	牵引杆装置良好，各部无变形	
	63. 左 6 轴箱各部	同右 6 轴箱检查内容及要求	
	64. 左 6 动轮	同右 6 动轮检查内容及要求	
	65. 左 4 砂箱及撒砂装置	同右 4 砂箱及撒砂装置检查内容及要求	
	66. 左 6 动轮及基础制动装置	(1)同右 6 动轮及基础制动装置检查内容及要求 (2)增检项点：检查弹停装置	

续上表

顺序	检查部位	检查内容及要求	检查方法
机车左侧	67. Ⅱ端左侧排障器内侧	同Ⅱ端右侧排障器内侧检查内容及要求	目视 手检 （无防缓标记的螺栓锤检）
	68. Ⅱ端左侧司机室门及附近	同Ⅱ端右侧司机室门及附近检查内容及要求	
车底部	69. Ⅱ端排障器内侧及附近	(1)排障器、支撑杆安装螺栓齐全牢固 (2)排障器及支撑杆无变形、无裂纹 (3)左右侧信号感应器接线、螺栓及各串销、开口销完好，安装牢固	
	70. Ⅱ端车钩钩尾框及附近	(1)车钩销无窜动，止退杆螺母无松动，开口销完整 (2)缓冲器箱体从板与钩尾框无裂纹 (3)托板螺栓无松动 (4)弹簧箱与托板磨动部油润良好 (5)前、后从板与座油润良好 (6)压溃装置安装牢固，无变形 (7)钩尾框与导框磨动部油润良好	
	71. Ⅱ端左侧扫石器	(1)扫石器安装牢固，螺栓无松动 (2)夹板螺栓无松动，胶皮无破损 (3)扫石器角钢底面距轨面高度 70～80 mm，扫石器胶皮距轨面高度 30 mm	
	72. 第 6 轴左侧撒砂装置	(1)撒砂器、砂管安装牢固 (2)撒砂风管、砂堵及调整螺栓、防缓螺母安装牢固 (3)撒砂管支架无裂纹，安装螺母无松动，砂管 U 形卡子无松动 (4)撒砂胶管无老化、变形，距轨面高度为 30～50 mm	
	73. 第 6 轴左侧制动装置	(1)应检查弹停装置及其手动缓解拉杆 (2)其他检查同走行部单元制动系统	
	74. Ⅱ端右侧扫石器	同Ⅱ端左侧扫石器检查内容及要求	
	75. 第 6 轴右侧撒砂装置	同第 6 轴左侧撒砂装置检查内容及要求	
	76. 第 6 轴右侧制动装置	(1)同第 6 轴左侧制动装置检查内容及要求 (2)增检项点：检查弹停装置及手动缓解拉手	
	77. 第 2 转向架	(1)后端梁无裂纹 (2)第六轮对空心轴悬挂臂与端架座无裂纹，悬挂臂销卡簧无裂纹，螺栓无松动	
	78. 第 6 轴左侧及轴轴箱内侧	(1)轴箱拉杆无裂纹，心轴卡环无脱落 (2)轴箱内侧油封无甩油 (3)轴箱前后圆簧无裂纹，簧距无异变 (4)车轮踏面擦伤深度不大于 0.7 mm。缺陷或剥离不大于 1 mm，垂直磨耗锥形深度不大于 7 mm (5)车轮无裂纹 (6)轮缘无碾堆，垂直磨耗锥形踏面向上 11.25 mm 处测量 33～23 mm (7)轮对内侧距离(1 353±3) mm	
	79. 第 6 齿轮箱前部	(1)齿轮箱无裂纹、无漏油 (2)加油口、放油堵齐全无丢失，油位正常 (3)齿轮箱合口螺栓无松动 (4)齿轮箱安装螺栓无松动	

续上表

顺序	检查部位	检查内容及要求	检查方法
车底部	80. 第 6 牵引电机上部	(1)通风道帆布无破损,合口卡子无松动 (2)电机母线无老化、破损,夹板螺栓齐全、牢固 (3)接线插头、插座严密,无松动	目视手检(无防缓标记的螺栓锤检)
	81. 第 6 牵引电机悬挂装置	第 6 电机悬挂装置安装板、吊杆、安全托无裂纹,安装螺栓无松动,吊杆、橡胶球关节无老化、无裂纹	
	82. 第 6 轴右侧及轴箱内侧	同第 6 轴左侧及轴箱内侧检查内容及要求	
	83. 第 6 齿轮箱后部	(1)齿轮箱体无裂纹、变形 (2)安装螺栓及合口螺栓无松动	
	84. 第 6 牵引电机端部	(1)电机通风网无破损、无堵塞 (2)轴承加油堵无丢失 (3)电机温度传感器安装牢固 (4)电机速度传感器安装牢固	
	85. 第 2 转向架梁附近	(1)中梁无裂纹 (2)各风管卡子无松动 (3)抗蛇行油压减振器体无漏油,安装螺母牢固无松动,上座及托板无裂纹,上罩与体不接磨	
	86. 第 5 轴左侧及轴箱内侧	同第 6 轴左侧及轴箱内侧检查内容及要求	
	87. 第 5 牵引电机上部	同第 6 牵引电机上部检查内容及要求	
	88. 第 5 轴右侧及轴箱内侧	同第 6 轴左侧及轴箱内侧检查内容及要求	
	89. 第 5 齿轮箱后部	同第 6 齿轮箱后部检查内容及要求	
	90. 第 5 牵引电机端部	同第 6 牵引电机端部检查内容及要求	
	91. 第 5 轴左侧制动装置	同第 6 轴左侧制动装置检查内容及要求	
	92. 第 5 轴右侧制动装置	同第 6 轴左侧制动装置检查内容及要求	
	93. 第 2 转向架梁附近	(1)转向架构架无变形、开焊 (2)各风管、卡子无松动,接头无漏泄	
	94. 第 4 轴及轴箱内侧	同第 6 轴及轴箱内侧检查内容及要求	
	95. 第 4 齿轮箱前部	同第 6 齿轮箱前部检查内容及要求	
	96. 第 4 牵引电机上部	(1)同第 6 牵引电机上部检查内容及要求 (2)第 2、4 通风机进中防护网安装牢固无破损、无杂物	
	97. 第 4 轴右侧及轴箱内侧	同第 6 轴左侧及轴箱内侧检查内容及要求	
	98. 第 4 齿轮箱后部	同第 6 齿轮箱后部检查内容及要求	

续上表

顺序	检查部位	检查内容及要求	检查方法
车底部	99. 第 4 牵引电机端部	同第 6 牵引电机端部检查内容及要求	目视手检（无防缓标记的螺栓锤检）
	100. 第 4 轴左侧及轴箱内侧	同第 6 轴左侧及轴箱内侧检查内容及要求	
	101. 第 4 轴左侧制动装置	同第 6 轴左侧制动装置检查内容及要求	
	102. 第 4 轴左侧撒砂装置	同第 6 轴左侧撒砂装置检查内容及要求	
	103. 第 4 轴右侧制动装置	同第 6 轴左侧制动装置检查内容及要求	
	104. 第 4 轴右侧撒砂装置	同第 6 轴左侧撒砂装置检查内容及要求	
	105. 第 2 转向架前端及附近	(1)牵引杆无变形，各吊索良好 (2)复合冷却器排风口无堵塞、无破损 (3)各风管接头完好无泄漏 (4)低位斜牵引杆、牵引座、销、牵引关节安装牢固，无裂纹 (5)变压器吊装螺栓串销开口销完整，防爆阀、油样活门无漏油	
	106. 变压器体	变压器安装牢固，外观完整无漏油。25 kV 进线无破损，支架牢固无断裂	
	107. 变压器油泵及附近	变压器油泵安装牢固，进出油管、波纹管法兰接口螺栓无松动、漏油	
	108. 第 1 转向架及 1、2、3 轮对各部	同第 2 转向架及 4、5、6 轮对各部检查内容及要求	
	109. Ⅰ端排障器内侧及附近各部检查	(1)同Ⅱ排障器内侧及附近检查内容及要求 (2)机车电子标签安装牢固，螺栓无松动，接线无松脱	
Ⅰ端司机室	110. Ⅰ端司机室	(1)司机室门锁、手把铅封齐全，作用良好 (2)侧窗玻璃清洁，作用灵活，锁闭器良好 (3)电水壶座、冰箱良好 (4)柜门各转换开关位置正确，转动灵活。柜门后部接线无松脱，柜内部接线紧固无松脱、灼痕 (5)紧急放风阀支架、手柄齐全，位置正确 (6)副司机座椅安装牢固，扳手良好，作用灵活，司机室灯安装良好 (7)前玻璃清洁，暖窗器接线无松脱 (8)刮雨器作用良好，遮阳布无破损，作用良好 (9)机车信号完好 (10)操纵台表玻璃清洁，压力表期限为 3 个月，其他仪表 6 个月 (11)各扳键开关及转换开关作用良好，位置正确 (12)风笛按钮安装良好，位置正确，手动灵活 (13)电炉插座完整，空调控制柜各转换开关位置正确，接线无松脱 (14)司机座椅安装牢固，各扳手良好，作用灵活。停车位置按钮、弹停制动/缓解按钮、压力组合模块、紧急停车按钮、各仪表状态指示灯良好，无线电状态良好。各按钮开关状态良好，电子制动阀(EBV)、各扳键开关、司控器手柄位置正确，状态良好 (15)微机显示屏、监控显示屏完整清洁安装良好 (16)脚踏警惕阀、脚踏撒砂阀、脚踏风笛作用良好	

续上表

顺序	检查部位	检查内容及要求	检查方法
Ⅰ端司机室	110. Ⅰ端司机室	(17)取暖器安装牢固，接线无松脱。电冰箱良好 (18)空调出风装置良好，车载电话、空调调节开关、各转换开关作用良好 (19)机械间门作用灵活，密封胶条及玻璃压条严密，手把门牌号锁作用良好	目视手检（无防缓标记的螺栓锤检）
机械间	111. 空调1	空调主机罩壳完好	
	112. 空压机及附近	(1)空压机安装螺栓无松动 (2)电机安装及接线良好 (3)各管路无泄漏，进气过滤器无堵塞，玻璃球油表清晰，油质无乳化现象，油位正常，加油口开关良好 (4)散热器风扇良好 (5)总风安全阀、空压机安全阀安装及铅封良好 (6)各排水阀应在关闭位 (7)总风缸安装牢固，管接头无泄漏 (8)双塔式空气干燥器安装螺栓无松动，各单元无泄漏，油水分离器、自动排污阀良好，控制电磁阀接线完好	
	113. 前台车牵引通风机	牵引风机风道外观良好，安装牢固，接线无松动，车内通风机1安装牢固，接线良好。防护网、叶片无破损	
	114. 高压柜	高压柜安装牢固及门锁闭良好，接地开关在工作位，黄色钥匙完好	
	115. 制动屏柜	(1)监控器传感器安装良好 (2)总风缸塞门在开放位 (3)蓝色钥匙在开通位 (4)辅助压缩机安装牢固，油位符合标准，电机接地良好，接线无松脱，辅助干燥器完好 (5)中央处理器(M-IPM)安装良好，接线无松脱 (6)辅助压缩机按钮完好 (7)继电器接口模块(RIM、CJB)接线良好 (8)辅助控制模块中调压器模块安装及接线良好，紧急放风模块、停放制动辅助控制模块、升弓控制模块、撒砂控制模块、制动缸切除模块、弹停模块安装牢固，接线无松动，各塞门位置正确 (9)电空控制单元 ①制动主管控制部分安装及连线良好(BPCP) ②均衡风缸控制部分(ERCP)安装及连线良好，无塞门关闭位 ③16号管控制部分(16CP)安装及连线良好 ④20号管控制部分(20CP)安装及连线良好 ⑤制动电磁阀BCCP安装良好 ⑥13号管控制部分(13CP)安装及连线良好 ⑦电源接线盒(PSJB)安装及连线良好 ⑧制动缸塞门在开放位 (10)电空控制单元(EPCU)各管路接头无松动、无泄漏 (11)弹停风缸、控制风缸安装牢固，管路无泄漏，排水阀塞门(U88、A14)关闭位，控制风缸塞门(U77)在开放位 (12)前弓气路控制板、电磁阀、安全阀、调压阀完好，塞门在开放位 (13)前台车轮缘润滑控制气路板，电磁阀、调压阀、各管路接头完好，塞门在开通位	

续上表

顺序	检查部位	检查内容及要求	检查方法
机械间	116. 低压电器柜	低压电器柜安装牢固，接线完好。电度表清晰完好。各自动开关良好。充电装置电源选择开关SW在“自动”位。蓄电池电压表显示应大于94 V	目视手检（无防缓标记的螺栓锤检）
	117. 复合冷却器2	复合冷却器2风道、冷却塔外观良好，安装牢固，管路无泄漏	
	118. 变流柜1	变流柜1外观良好，水箱水位在运行位，接地开关在工作位，两个指示灯均熄灭，红灯亮时禁止拉接地开关，门锁闭良好	
	119. 车顶门附近	（1）车顶门锁闭良好 （2）扶梯安装牢固	
	120. 变流柜2	（1）同变流柜1检查内容 （2）变压器干燥器硅胶为蓝色，油箱、油管、加油口盖完好	
	121. 复合冷却器1	同复合冷却器2检查内容及要求	
	122. 辅助滤波柜	辅助滤波柜门锁闭良好	
	123. 卫生间	卫生间门锁闭器良好，内部设施完好、清洁，各空气开关在闭合位	
	124. 变流柜3	同变流柜1检查内容及要求	
	125. 控制电器柜	控制电器柜门锁闭良好，各自动开关在正常位。内部输入输出(I/O)模块、自动开关、接触器状态良好。自动过分相装置在运用位	
	126. 后台车牵引通风机	同前台车牵引通风机检查内容及要求	
	127. TCMS柜	（1）内部接线完好，柜门锁闭良好 （2）绿、白钥匙齐全，在正常位	
	128. 行车安全柜	（1）内部接线完好，柜门锁闭良好 （2）电源开关在开放位	
	129. 空调2	同空调1检查内容及要求	
Ⅱ端司机室	130. Ⅱ端司机室	同Ⅰ端司机室检查内容及要求	

任务实施

任务名称	机车检查	任务编号	3-2
任务目的	1. 熟悉机车检查基本方法。 2. 掌握 HXD_{3B} 型电力机车检查作业内容及标准。		
任务实施	1. 机车检查的方法有哪些？ 2. 机车检查前的准备工作有哪些？检查时安全注意事项有哪些？ 3. HXD_{3B} 型电力机车段内检查项目有哪些？		

评价反馈

考核项目	考核要点	分值	自评	互评	师评
实践能力	机车检查基本方法及检查注意事项的掌握情况	40			
	HXD_{3B} 型电力机车段内检查内容的掌握情况	40			
职业素质	安全意识、遵章守纪、团队合作	20			
小计					
权重(自评 30%＋互评 30%＋师评 40%)总分					

任务三 机车机能试验

学习目标

1. 掌握 HXD3B 型电力机车高压试验程序。
2. 掌握 HXD3B 型电力机车低压试验程序。

相关知识

一、HXD3B 型电力机车高压试验程序

1. 准备工作

(1)确认机车各闸刀、试验开关、故障转换开关、风路塞门、车顶门、各屏柜门均在正常位。

(2)确认总风风压不低于 700 kPa，机车制动缸风压不低于 300 kPa。

(3)检查控制电路电压不低于 96 V。

(4)通过微机显示屏将主变流器 CI1～CI6 全部切除。

(5)将非操纵端自动制动手柄锁定在“重联”位，单独制动手柄置“全制”位，锁闭非操纵端司机室门窗。

(6)确认操纵端司机控制器手柄在“0”位、机车电钥匙在“0”位。

(7)确认机车停留在有电区且接地线已撤除、隔离开关已闭合，机车两端地面防护牌、信号旗(信号灯)已撤除，机车周围无非作业人员，高压试验人员均在司机室。

2. 试验顺序及要求

(1)机车电钥匙置“合”位

①确认制动显示屏启动正常，检查制动显示屏各数据、参数设置正确。

②将大闸置“抑制”位 1 s 后回“运转”位，小闸置“全制”位，确认制动显示屏“动力切除”消除，制动显示屏均衡风缸、列车管风压显示 600(500)kPa、机车制动缸风压显示 300 kPa。

(2)升降弓试验

①后弓试验：

a. 将受电弓扳键开关 SB41(SB42)置“后受电弓”位。听升弓电磁阀得电充风声；观察受电弓上升正常，无冲网现象，升弓时间不得大于 5.4 s(从弓头动作时起)；确认网压表及微机显示屏网压显示正常、状态指示屏“欠压”灯灭。

b. 将受电弓扳键开关 SB41(SB42)置“0”位。观察受电弓下降正常，无砸车顶现象，降弓时间不得大于 4 s(从弓头动作时起)；确认网压表及微机显示屏显示网压低于 5 kV、状态

指示屏“欠压”灯亮。

②前弓试验：

试验内容同后弓试验。

③升起后弓。

(3)主断路器试验

①将主断路器扳键开关SB43(SB44)置“主断合”位。

②听主断路器闭合声及辅变流器2(APU2)启动后，水泵、辅变流器风机、油泵投入工作声。

③看机车状态指示屏“主断分”“辅变流器”“水泵”灯灭。

④进入微机显示屏“风机状态”画面，确认变压器油泵MA21、MA22及水泵MA27、MA28投入工作。

⑤进入微机显示屏“辅助电源”画面，看辅变流器2(APU2)输出频率为(50±1)Hz。

⑥观察控制电路电压表及微机显示屏，看控制电路电压显示110 V。

⑦进入机械室确认冷却系统水流量计显示流量正常(黑色指针在200左右)。

(4)压缩机试验

①总风风压低于750 kPa(0001～0640号机车)或680 kPa(0641号机车之后)时，将压缩机扳键开关SB45(SB46)置“压缩机”位。听空气压缩机1、2间隔3 s依次启动；进入微机显示屏“空制状态”画面，看压缩机CMP1、CMP2正常投入工作；当总风风压升至900 kPa时，压缩机1、2同时停止工作。

②当总风缸风压高于750 kPa但又低于825 kPa时(0001～0640号机车)或当总风缸风压高于680 kPa但又低于750 kPa时(0641号机车之后)，将压缩机扳键开关SB45(SB46)置“压缩机”位，此时，仅操纵端压缩机投入工作，当总风风压达到900 kPa时自动停止工作。

③将压缩机扳键开关SB45(SB46)置“强泵风”位不松手。看操纵端压缩机投入工作，总风风压升至950 kPa时听高压安全阀喷气声；松开压缩机扳键开关SB45(SB46)，操纵端压缩机停止工作。

(5)换向手柄“前”位试验

①换向手柄置“前”位。听辅变流器1(APU1)启动后，牵引及复合冷却风机启动；进入微机显示屏“风机状态”画面，确认牵引风机MA11～MA16启动正常；进入微机显示屏“辅助电源”画面，看辅变流器1(APU1)输出频率升至33 Hz。

②换向手柄回“0”位。待1 min之后，听各牵引、复合冷却风机停止工作。

(6)电制动试验

①换向手柄置“前”位，调速手柄离开“0”位至“制动区”最大。看机车状态指示屏“零位”灯灭；进入微机显示屏“辅助电源”画面，看辅变流器1(APU1)输出频率升至(50±1)Hz；看微机显示屏显示级位由11.9～1级变化。

②调速手柄回“0”位。看机车状态指示屏“零位”灯亮。

(7)牵引试验

①弹停转换开关置“缓解”位，看机车状态指示屏“停车制动”红灯灭。

②通过微机显示屏触摸开关恢复主变流器 CI1～CI3。看状态指示屏“预备”灯亮。

③将调速手柄置牵引“*”位。看机车状态指示屏“零位”“预备”灯灭；微机显示屏显示“1.0”级、牵引电机 M1～M3 输出扭矩显示 13 kN 左右。

④调速手柄退回“0”位。机车状态指示屏“零位”“预备”灯亮；看微机显示屏牵引电机 M1～M3 输出扭矩变为 0、手柄级位显示“0”级。

⑤通过微机显示屏触摸开关切除主变流器 CI1～CI3、恢复主变流器 CI4～CI6，将调速手柄置牵引“*”位。看机车状态指示屏“零位”“预备”灯灭；微机显示屏显示“1.0”级、牵引电机 M4～M6 输出扭矩显示 13 kN 左右。

⑥调速手柄退回“0”位。机车状态指示屏“零位”“预备”灯亮；看微机显示屏牵引电机 M4～M6 输出力矩变为 0、手柄级位显示“0”级。

⑦换向手柄置“0”位，通过微机显示屏触摸开关切除主变流器 CI4～CI6。

(8)辅变流器故障切换试验

①断开主断路器，通过 TCMS 屏“开放状态”栏手动切除 APU1，看 APU1 栏变红。重新闭合主断，听 APU2 启动声，各风机启动运行，通过 TCMS 屏“机器状态”栏“风机状态”界面，确认 WP1～WP2 水泵、MA21～MA22 油泵工作正常，MA11～MA16 牵引风机、MA17～MA18 复合冷却风机启动正常。

②通过 TCMS 屏“机器状态”栏“辅助电源”界面看 APU2 输出电源频率为 50 Hz，看 PSU1(PSU2)装置投入工作，观察控制电压表及 TCMS 屏显示控制电压 110 V。

③断开主断路器，恢复 APU1，切除 APU2 试验(试验内容及步骤同上)。

(9)PSU 装置转换试验

①断电降弓拉回电钥匙开关，通过 TCMS 屏确认试验时正常工作的 PSU 单元，并通过 TCMS 屏检修模式修改系统日期，修改完毕后脱开蓄电池开关，30 s 后恢复蓄电池开关。

②重新升弓闭合主断，确认控制电压表及 TCMS 显示屏显示控制电压 110 V，通过 TCMS 屏“辅助电源”界面，确认另一组 PSU 投入工作。

③断开主断路器，采用手动转换 PSU 单元，将 PSU 装置柜侧面转换开关转至另一组 PSU 单元，重新闭合主断，确认控制电压表及 TCMS 显示屏显示控制电压 110 V，通过 TCMS 屏“辅助电源”界面，确认另一组 PSU 投入工作。

二、HXD3B 型电力机车低压试验程序

1. 准备工作

(1)确认车顶门、控制电器柜柜门锁闭良好，高压接地开关在“运行”位(两把黄色钥匙插入)；蓝色钥匙插入制动控制柜锁孔，开通受电弓风路(蓝色钥匙呈垂直状态)。

(2)确认各风路塞门在正常工作位置(空气制动柜：总风塞门 A24、踏面清扫塞门 B50.02、弹停塞门 B40.06、撒砂塞门 F41.02、制动缸塞门 Z10.22 在开放位；干燥器下：控制风缸塞门 U77 在开放位、总风缸排水塞门 A12 在关闭位；压缩机与Ⅰ端变流柜间侧墙：Ⅱ端受电弓塞门 U98 在开放位；压缩机与Ⅰ端变流柜间小地板下：弹停风缸排水塞门 A14、控制

风缸排水塞门 U88 均在关闭位；控制电器柜与Ⅱ端变流柜间侧墙：主断路器塞门 U94、Ⅰ、Ⅱ端受电弓高压隔离开关塞门 U95、Ⅰ端受电弓塞门 U98 均在开放位）。

（3）确认总风缸风压不低于 750 kPa；机车控制电路电压不低于 96 V。

（4）确认控制电器柜上的自动开关位置正确（除直流加热及自动过分相自动开关在“断开”位外，其余自动开关均在“闭合”位）。

（5）实施弹停制动。

（6）司机室各控制器在“0”位，打开机械室门。

2. 试验顺序及要求

（1）机车照明试验

依次闭合仪表、司机室、走廊、车底、前（副）照灯、标志等照明灯开关，检查各照明灯照明良好、逻辑控制关系正确。

（2）辅机系统试验

检查遮阳帘、风扇、刮雨器工作状态良好，功能与控制开关指示位置相符合。

（3）机车电钥匙试验

①机车电钥匙置“合”位。观察制动显示屏启动正常，检查制动显示屏各数据、参数设置正确。

②将自动制动手柄置“抑制”位 1 s 后回“运转”位、单独制动手柄置“全制”位 观察制动显示屏“动力切除”消除，制动显示屏均衡风缸、列车管风压显示 600（500）kPa、机车制动缸风压显示 300 kPa。

（4）微机显示屏试验

①状态指示屏“微机正常”“主断分”“零位”“欠压”“辅变流器”“水泵”“停车制动”灯亮。

②按下状态指示屏自检按钮，所有状态指示灯亮。

③确认微机显示屏显示正常，其网压、控制电路电压显示与仪表模块显示一致。

④主、辅变流器切除试验。利用微机显示屏触摸开关分别将主变流器、辅变流器切除、恢复一次。

（5）弹停装置试验

①弹停转换开关置“缓解”位。确认弹停制动缓解，状态指示屏“停车制动”红灯灭。

②弹停转换开关置“制动”位。确认弹停装置制动，状态指示屏“停车制动”红灯亮。

（6）主变流器试验

将主变流器试验开关（SA75）置“试验”位，进行以下试验。

①断路器试验：

a. 将主断路器扳键开关（SB43 或 SB44）置“主断合”位。听主断路器闭合声；看状态指示屏“主断分”灯灭，微机显示屏显示“主断合”。

b. 将主断路器扳键开关（SB43 或 SB44）置“主断分”位。听主断路器断开声；看状态指示屏“主断分”灯亮，微机显示屏显示“主断分”。

②牵引试验：

a.“前”位牵引试验。换向手柄置“前”位，听充电、工作接触器动作声，看微机显示屏方向指示与手柄位置一致；缓慢将调速手柄由“0”推向“牵引”区最大位，看状态指示屏“零位”灯灭，微机显示屏级位显示从 0.0 升至 13.0，各轴扭矩输出显示由 0 升至约 95 kN；缓慢将调速手柄退至“0”位，看微机显示屏级位和牵引力显示逐步回“0”、状态指示屏“零位”灯亮；换向手柄置“0”位，听工作接触器断开声。

b.“后”位牵引试验。试验内容同“前”位牵引试验。

③电制动试验：

a. 换向手柄置于“前”位，将调速手柄拉向“制动区”并逐渐推至最大位。看状态指示屏“零位”灯灭、“电制动”灯亮；听制动系统短暂排风声(机车制动缸有风时)；看微机显示屏手柄级位由 11.9～1 级变化。

b. 调速手柄退回“0”位。看状态指示屏“电制动”灯灭、“零位”灯亮。

c. 缓解机车制动，大闸置“初制动”位，将调速手柄置“制动区”。看状态指示屏“零位”灯灭、“电制动”灯亮；观察机车制动缸缓解。

d. 调速、换向手柄回“0”位。

④试验完毕，主变流器试验开关(SA75)恢复至“0”位。

(7)撒砂试验

分别将换向手柄置“前”“后”位，脚踩撒砂开关 SA83(SA84)，确认撒砂装置作用良好。

(8)警惕装置试验

在微机显示屏牵引/制动画面按点击【检修状态】→输入密码“000”→点击【确认】→【状态】→【信号信息】→进入信号信息画面→点击【DI2】→进入 DI2 画面第一页，手按警惕按钮或脚踩警惕开关，看 521 线底色变绿；松开后，底色恢复黑色。

任务实施

任务名称	机车机能试验	任务编号	3-3
任务目的	1. 掌握 HXD_{3B} 型电力机车高压试验程序。 2. 掌握 HXD_{3B} 型电力机车低压试验程序。		
任务实施	1. 叙述 HXD_{3B} 型电力机车高压试验程序，并按要求在实训室完成高压试验程序。 2. 叙述 HXD_{3B} 型电力机车低压试验程序，并按要求在实训室完成低压试验程序。		

评价反馈

考核项目	考核要点	分值	自评	互评	师评
实践能力	HXD_{3B} 型电力机车高压试验程序的掌握情况	40			
	HXD_{3B} 型电力机车低压试验程序的掌握情况	40			
职业素质	安全意识、遵章守纪、团队合作	20			
小计					
权重（自评 30%＋互评 30%＋师评 40%）总分					

任务四 机车制动机试验

学习目标

掌握 CCBⅡ型制动机“五步闸”检查方法。

相关知识

CCBⅡ型制动机“五步闸”检查方法见表 3-7。

表 3-7 CCBⅡ型制动机“五步闸”检查方法

步骤	设置	自动制动手柄							单独制动手柄				检查内容
		运转	初制	制动	全制	抑制	重联	紧急	侧缓	运转	制动	全制	
1	本机/不补风	1					4	2	3				1. 总风压力 750～900 kPa，制动缸压力 0，均衡风缸压力 500 kPa，列车管压力 500 kPa； 2. 列车管压力在 3 s 内降为 0，制动缸在 3～5 s 内升至 200 kPa，并继续增压至 450 kPa，均衡风缸压力降为 0，紧急制动倒计时 60 s 开始； 3. 制动缸压力下降为 0，手柄复位后制动缸压力恢复； 4. 60 s 倒计时结束后操作，列车管、均衡风缸、制动缸压力不变；
2	本机/不补风	5、6、10			7、8	9							5. 均衡风缸增压至 500 kPa，列车管增压至 480 kPa 不大于 9 s，制动缸压力下降为 0； 6. 等 60 s 使系统各风缸充满风； 7. 均衡风缸在 5～7 s 减压到 360 kPa，列车管减压到均衡风缸压力±10 kPa，制动缸 6～8 s 增压到 360 kPa； 8. 保压 1 min，均衡风缸压力泄漏不大于 7 kPa，列车管压力泄漏不大于 10 kPa，制动缸压力变化不大于 25 kPa； 9. 各压力无变化； 10. 均衡风缸增压至 500 kPa，列车管压力 500 kPa，制动缸压力下降为 0；
3	本机/不补风	14	11				13		12				11. 充满风后，均衡风缸减压 50 kPa，列车管减压到均衡风缸压力的±10 kPa，制动缸增压到 70～110 kPa； 12. 制动缸压力下降为 0，手柄复位后制动缸压力不恢复； 13. 均衡风缸以常用制动速率降为 0，列车管减压至 55～85 kPa 后保持，制动缸增压至 450 kPa； 14. 均衡风缸增压至 500 kPa，列车管压力 500 kPa，制动缸压力下降为 0；

续上表

步骤	设置	自动制动手柄							单独制动手柄				检查内容
		运转	初制	制动	全制	抑制	重联	紧急	侧缓	运转	制动	全制	
4	本机/不补风	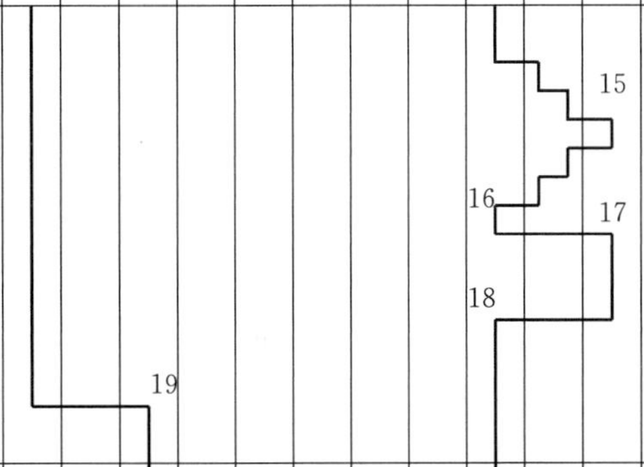											15. 阶段制动，制动缸压力阶段上升，全制动制动缸压力 300 kPa； 16. 阶段缓解，制动缸压力阶段下降，运转位制动缸压力下降为 0； 17. 制动缸在 2～3 s 上升到 280 kPa，最终为(300±15)kPa； 18. 制动缸压力在 3～5 s 降到 35 kPa 以下； 19. 均衡风缸减压 100 kPa，列车管减压到均衡风缸压力的±10 kPa，制动缸增压到 230～250 kPa；
5	单机	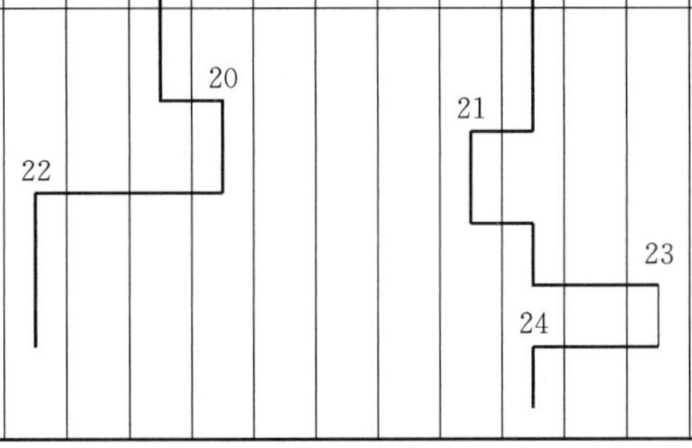											20. 均衡风缸减压 140 kPa，列车管压力保持不变，制动缸压力保持不变； 21. 制动缸压力下降为 0，手柄复位后制动缸压力不恢复； 22. 均衡风缸增压至 500 kPa，列车管压力保持不变，制动缸压力保持不变； 23. 制动缸压力在 2～3 s 上升到 280 kPa，最终为 300 kPa； 24. 制动缸压力在 3～5 s 降到 35 kPa 以下。

注：试验完毕，机车恢复本机/不补风状态设置。

任务实施

任务名称	机车制动机试验	任务编号	3-4
任务目的	掌握机车制动机“五步闸”检查方法。		
任务实施	简述 CCBⅡ型制动机“五步闸”检查方法。		

评价反馈

考核项目	考核要点	分值	自评	互评	师评
实践能力	CCBⅡ型制动机“五步闸”检查方法的掌握情况	80			
职业素质	安全意识、遵章守纪、团队合作	20			
小计					
权重(自评 30%+互评 30%+师评 40%)总分					

项目四

挂　　车

任务一　出库、出段信号显示方式及含义认知

学习目标

1. 掌握出库、出段信号显示方式及含义。
2. 掌握司机鸣笛方式及含义。

相关知识

一、出库、出段信号显示及意义（表 4-1）

表 4-1　出库、出段信号显示及意义

类别	信号显示	显示意义	图　　示
调车色灯信号机的显示方式	一个月白色灯光	准许越过该信号机调车	

续上表

类别		信号显示	显示意义	图示
调车色灯信号机的显示方式		一个蓝色灯光	不准越过该信号机调车	 
手信号显示及意义	停车信号	昼间——展开的红色信号旗； 夜间——红色灯光。 昼间无红色信号旗时，两臂高举头上向两侧急剧摇动； 夜间无红色灯光时，用白色灯光上下急剧摇动	要求列车停车	   
	道岔开通信号	昼间——拢起的黄色信号旗高举头上左右摇动； 夜间——白色灯光高举头上	表示进路道岔准备妥当	 

续上表

类别		信号显示	显示意义	图　　示
手信号显示及意义	段内道岔开通信号	昼间——展开的黄色信号旗高举头上左右摇动； 夜间——黄色灯光高举头上左右摇动	机车出入段进路道岔准备妥当	 
	股道号码信号	一道： 昼间——两臂左右平伸； 夜间——白色灯光左右摇动	要道或回示股道开通号码	 
		二道： 昼间——右臂向上直伸，左臂下垂； 夜间——白色灯光左右摇动后，从左下方向右上方高举		 
		三道： 昼间——两臂向上直伸； 夜间——白色灯光上下摇动		 

续上表

类别		信号显示	显示意义	图示
手信号显示及意义	股道号码信号	四道： 昼间——右臂向右上方，左臂向左下方各斜伸45°角； 夜间——白色灯光高举头上左右小动	要道或回示股道开通号码	
		五道： 昼间——两臂交叉于头上； 夜间——白色灯光作圆形转动		
		六道： 昼间——左臂向左下方，右臂向右下方各斜伸45°角； 夜间——白色灯光作圆形转动后，再左右摇动		
		七道： 昼间——右臂向上直伸，左臂向左平伸； 夜间——白色灯光作圆形转动后，左右摇动，然后再从左下方向右上方高举		
		八道： 昼间——右臂向右平伸，左臂下垂； 夜间——白色灯光作圆形转动后，再上下摇动		

续上表

类别		信号显示	显示意义	图　　示
手信号显示及意义	股道号码信号	九道： 昼间——右臂向右平伸，左臂向右下斜45°角； 夜间——白色灯光作圆形转动后，再高举头上左右小动	要道或回示股道开通号码	
		十道： 昼间——左臂向左上方。右臂向右上方各斜伸45°角； 夜间——白色灯光左右摇动后，再上下摇动作成十字形		
	连结信号	昼间——两臂高举头上，使拢起的手信号旗杆成水平末端相接； 夜间——红、绿色灯光（无绿色灯光的人员，用白色灯光）交互显示数次	表示连挂作业	
	取消信号	昼间——拢起的手信号旗，两臂于前下方交叉后，急向左右摇动数次； 夜间——红色灯光作圆形转动后，上下摇动	通知将前发信号取消	
	要求再度显示信号	昼间——拢起的手信号旗右臂向右方上下摇动； 夜间——红色灯光上下摇动	前发信号不明，要求重新显示	

续上表

类别		信号显示	显示意义	图示
手信号显示及意义	告知显示错误的信号	昼间——拢起的手信号旗两臂左右平伸同时上下摇动数次； 夜间——红色灯光左右摇动	告知对方信号显示错误	 
	向显示人方向稍行移动的信号	昼间——拢起的红色信号旗直立平举，再用展开的绿色信号旗左右小动； 夜间——绿色灯光下压数次后，再左右小动	指挥机车向显示人方向稍行移动	 
	向显示人反方向去的信号	昼间——展开的绿色信号旗上下摇动； 夜间——绿色灯光上下摇动	指挥机车向显示人反方向去	 
	向显示人反方向稍行移动的信号	昼间——拢起的红色信号旗直立平举，再用展开的绿色旗上下小动； 夜间——绿色灯光上下小动	指挥机车向显示人反方向稍行移动	 

注：股道号码信号中，十一至十九道，须先显示十道股道号码，再显示所要股道号码的个位数信号。二十道及以上的股道号码，各站根据需要自行规定，并纳入《车站行车工作细则》(简称《站细》)。

二、司机鸣笛方式及含义（表 4-2）

表 4-2 机车、动车组、自轮运转特种设备鸣笛鸣示方式

名称	鸣示方式	使用时机
注意信号	一长声 —	接近鸣笛标、行人时
退行信号	二长声 — —	列车、机车车辆、单机开始退行，遇通信设备联系不通时
召集信号	三长声 — — —	要求防护人员撤回，遇通信设备联系不通时
牵引信号	一长一短声 — •	途中本务机车要求补机牵引运行，遇通信设备联系不通时（补机应以同样信号回答）
惰行信号	一长二短声 — • •	本务机车要求补机惰力推进或要求补机断开主断路器，遇通信设备联系不通时（补机应以同样信号回答）
途中降弓信号	一短一长声 • —	电力机车双机牵引中，本务机车司机要求补机降下受电弓，遇通信设备联系不通时（补机须以同样信号回答）
途中升弓信号	一短二长声 • — —	电力机车双机牵引中，本务机车司机要求补机升起受电弓，遇通信设备联系不通时（补机须以同样信号回答）
呼唤信号	二短一长声 • • —	1. 机车要求出入段，遇通信设备联系不通时 2. 在车站要求显示信号，遇通信设备联系不通时
警报信号	一长三短声 — • • •	发现线路有危及行车安全的不良处所时
试验自动制动机及复示信号	一短声 •	1. 试验制动机开始减压，遇联系不通时 2. 接到试验制动结束的手信号，回答试风人员，遇联系不通时 3. 调车作业中，表示已接受调车长所发出的手信号，遇联系不通时
缓解及溜放信号	二短声 • •	1. 试验制动机缓解，遇联系不通时 2. 要求列车乘务组缓解人力制动机，遇通信设备联系不通时 3. 复示溜放调车信号，遇通信设备联系不通时
拧紧人力制动机信号	三短声 • • •	1. 要求列车乘务组拧紧人力制动机，遇通信设备联系不通时 2. 要求就地制动，遇通信设备联系不通时
紧急停车信号	连续短声 • • • • • • •	司机发现（或接到通知）邻线发生障碍，向邻线上运行的列车发出紧急停车信号时。邻线列车司机听到此种信号后，应紧急停车

任务实施

任务名称	出库、出段信号显示方式及含义认知	任务编号	4-1
任务目的	1. 掌握出库、出段信号显示方式及含义。 2. 掌握司机鸣笛方式及含义。		
任务实施	1. 手信号包括哪几类？它们分别表示什么含义？试用信号旗与信号灯展示其含义。 2. 叙述司机鸣笛方式及含义。		

评价反馈

考核项目	考核要点	分值	自评	互评	师评
实践能力	出库、出段信号显示方式及含义的掌握情况	40			
	司机鸣笛方式及含义的掌握情况	40			
职业素质	安全意识、遵章守纪、团队合作	20			
小计					
权重(自评 30%＋互评 30%＋师评 40%)总分					

任务二　连挂作业

学习目标

1. 掌握连挂作业前准备工作。
2. 掌握连挂作业具体流程。
3. 熟悉机车与列尾装置“一对一”关系建立。

相关知识

一、连挂作业前准备工作

全员确认挂车股道与车站通知一致。进入挂车线后，确认停留车位置，开放两侧窗，按十、五、三车距离控制速度，距脱轨器、防护信号、车列 10 m 前停车，手比、呼唤确认脱轨器、车体两侧防护信号撤除。副司机在固定脱轨器处显示领车信号使机车全部越过(受距离限制时，机车第一动轮越过固定脱轨器后即可停车)，操纵端司机室越过后收回。遇异常情况时及时呼喊司机停车，并显示停车手信号。单班单司机值乘及固定调车机车在固定脱轨器前停车确认。

二、连挂作业流程

1. 客列检人员、车辆乘务员应在非站台侧显示连结手信号；司机、车站人员、货列检人员应在司机侧显示连结手信号(遇有高站台时，在非站台侧显示手信号)。

2. 在限制鸣笛区域，本务机车与第一辆车连挂时，除机车起动需鸣笛外，司机按显示的信号挂车。

3. 连挂具体程序：

第一步　副司机确认脱轨器及车体两侧防护信号撤除、相关人员处于安全位置后，使机车或车辆车钩处于“全开位”后，面向司机显示“连结”信号，再面向车列显示“向显示人方向稍行移动”的信号。发现钩位不正等需进行调整时，须先显示停车信号，确认机车停稳、通知司机后再进行调整。

第二步　司机确认脱轨器、防护信号撤除，确认相关人员处于安全位置、确认连结信号后鸣笛动车，以不超过 5 km/h 速度平稳连挂。电力机车连挂作业时严禁撒砂。

第三步　连挂后副司机显示“停车”信号，司机鸣笛回示。检查车钩锁闭状态后，向司机显示“向显示人反方向稍行移动”的信号，司机确认机车距出站或进路信号机距离后鸣笛试拉。试拉时应控制初始电流,试拉确认可靠连结后显示“停车”信号。

未一次成功连挂,指挥连挂人员应通知司机,并向司机显示“向显示人反方向稍行移动”的信号。机车反方向移动前司机须确认机车距出站(进路)信号机或调车信号机距离后鸣笛动车。按连结信号连挂前,司机须再次确认防护信号撤除、相关人员处于安全位置。

连挂作业人员需进入机车与车辆间处理车钩等故障时,须通知司机反向移动,并显示“摘解”信号,司机换端后操纵,移动 6 m 左右停车。

第四步　作业完毕,连挂作业人员显示“好了”信号,司机鸣笛回示。本务机车连挂后,在未撤除防护信号前,禁止机车移动。

第五步　列车机车与第一辆车的软管连结后,须先开启机车折角塞门,后开启车辆折角塞门。开启折角塞门时应缓慢开启,尽量避免引起车列紧急制动,折角塞门手把与列车管平行。

4. 换端或更换操纵台:

(1)司机必须在列车运行方向前端司机室或运行方向左侧的操纵台操纵,连挂作业试拉及单端司机室仅设有一个操纵台时除外。

(2)司机实施最大有效减压后(针对 JZ-7、DK-1 型制动机),单阀(小闸)运转位,全员确认制动缸压力达到定压,取出并携带小闸手柄(针对 JZ-7、DK-1 型制动机)、换向手柄及电钥匙,和谐型电力机车将自阀置于重联位后插入定位销,装设 2 套 LKJ、CIR 的机车,由司机关闭非操纵节 LKJ、CIR 设备电源,副司机确认。

副司机在司机侧监控机车制动缸压力,遇有制动缸压力下降立即采取有效措施。通过机械间时,双节机车司机转换本节、他节转换阀,至另端或另一操纵台后单阀全制动,插入换向手柄鸣笛一短声,副司机听到司机鸣笛后回示(单班单司机值乘、单司机室及能使用重联电话通知时可不鸣笛联系),携带自阀手柄(针对 JZ-7、DK-1 型制动机),锁闭门窗、关闭用电设备至另端,确认本节、他节转换阀正确。单班单司机换端,不得在机械间停留。

三、货物列车建立列车尾部安全防护装置“一对一”关系

(1)设有检充点的车站,列尾作业人员通知司机:“××机车,××号列尾安装完毕,请检查风压”,司机确认列尾控制盒的列尾主机 ID 处在“未连接”的状态下,按压【查询】键,听到回示语音:“××机车,风压××× kPa”,以及看到列尾控制盒列尾主机 ID 号码和“已连接”显示正确后,通知车站列尾作业人员:“××机车列尾正常”。

(2)未设检充点的车站,由司机负责建立列尾装置“一对一”关系。司机将随车携带的列尾主机通电,当听到列尾主机发送“××号(6 位列尾主机号码,下同)等待确认(请输号)”的提示语音时,核对列尾控制盒“列尾 ID”栏闪烁显示的列尾主机号码无误,并确认列尾控制盒“工作状态”栏在“未连接”的状态下,按【确认】键,听到“××机车确认××列尾成功(完毕或输号成功)”的语音回示,以及看到列尾控制盒列尾主机 ID 号码和“已连接”显示正确,核对列尾主机标志灯内显示的机车号与本机车号一致,按压【查询】键,听到“××机车,风压××× kPa”的语音回示后,确认电池处在锁闭位置后,将列尾主机交与列尾作业人员安装在

列车尾部。

(3)在未设检充点的车站，车站与司机配合重新建立“一对一”关系时的操作。列尾作业人员通知本务机司机：“××机车列尾断连”。司机按压列尾控制盒【断连】键后，确认列尾控制盒处在“未连接”的状态下，通知车站“××机车列尾已断连”。列尾作业人员将列尾主机号码通知本务机司机：“××机车司机，准备确认××号主机”；司机：“××机车司机明白”。司机听到“××号等待确认(请输号)”的语音提示，列尾控制盒“列尾 ID”栏同时闪烁显示列尾主机号码，核对号码无误，按压【确认】键。司机收到列尾控制盒“××号机车确认××列尾成功(确认完毕或输号成功)”的语音提示，按【查询】键，听到“××机车风压××× kPa”的语音提示后，通知列尾作业人员：“××机车列尾确认成功”。列尾作业人员：“××站明白”。列尾作业人员连结列尾主机与车辆软管，打开车辆折角塞门，检查软管连结妥当，通知司机：“××机车，列尾安装完毕，请检查风压”，得到司机“××号机车列尾正常”后方可返回。

四、旅客列车建立列车尾部安全防护装置“一对一”关系

(1)旅客列车始发前、更换机车时，车辆乘务员应及时向司机提供旅客列车尾部安全防护装置(KLW，称为“客列尾”)的 ID 信息联络卡，在 KLW 的 ID 信息联络卡填写车站名、车辆乘务员姓名、联系方式及客车列尾装置主机的 ID 号码。司机与车辆乘务员核对时钟，并在车辆乘务员提供的 KLW 的 ID 信息联络卡上写明司机姓名、联系方式。更换机车乘务组时，机车乘务组双方交接 KLW 的 ID 信息联络卡相关信息。

(2)旅客列车始发前或更换机车时，司机根据 KLW 的 ID 信息联络卡，输入 6 位 KLW 主机 ID 号，建立与 KLW 主机的“一对一”关系。成功建立关系后，通过 MMI 显示 KLW 主机的 ID 号并发出“××××××列尾装置，连接成功”的提示音。司机呼叫车辆乘务员核对 KLW 主机显示的机车号，司机：××(次)车辆乘务员，××××××号列尾连接完毕，确认机车号；车辆乘务员：××××××号列尾，机车号××；司机：××(次)司机明白。

(3)司机输入 ID 号后仍无法建立连接时，联系车辆乘务员核对 ID 号，司机：××(次)车辆乘务员，核对列尾号码；车辆乘务员：××(次)司机，列尾号码××××××；司机：××(次)司机明白。

(4)司机查询列尾风压，确认 KLW 主机风压值显示正常，连接作业完毕。

(5)遇 KLW 主机显示的机车号与实际担当本务的机车号不一致时，司机进行销号操作，通知车辆乘务员对 KLW 主机断电重启操作后，司机重新输入 KLW 主机的 ID 号与 KLW 主机建立连接。

(6)旅客列车在始发站、机车换挂站，CIR 设备与 KLW 主机连续 3 次不能建立连接时，司机应及时报告车站值班员并通知车辆乘务员，列车按规定发车，车辆乘务员与司机核对尾部风压。列车出发后，司机择机重新进行与 KLW 主机的连接，建立连接关系成功后，恢复客车列尾装置正常使用，并及时通知车辆乘务员不再人工核对风压。超过一个区间仍不能建立连接时，按 KLW 故障办理。

(7)KLW 故障时，旅客列车在始发站出发前、在停车站进站前，司机呼叫车辆乘务员核对风压。用语如下：

司机："××(次)车辆乘务员，核对尾部风压"。

车辆乘务员："××(次)尾部风压×××kPa"。

司机："××(次)尾部风压×××kPa，司机明白"。

旅客列车在停车站出站后，司机要选择合理时机减压 50 kPa 施行列车列车管的贯通试验，用语如下：

司机："××(次)车辆乘务员，贯通试验"。

车辆乘务员："××(次)车辆乘务员明白"。

在司机减压制动后，车辆乘务员："××(次)尾部风压×××kPa"。

司机："××(次)尾部风压×××kPa，司机明白"。

(8)遇挂补机在列车首位时，需进行销号操作，由补机司机通知车辆乘务员重新建立客列尾系统的连接。

(9)装有客车列尾装置主机的尾部车辆因故甩下后，车辆乘务员通知司机，列车比照客列尾装置故障办理，运行到终点站。

(10)得到车辆乘务员客列尾装置因尾部加挂客车暂时停用的通知时，按无 KLW 装置行车；接到车辆乘务员通报 KLW 装置恢复后，正常使用 KLW。

(11)旅客列车尾部安全防护装置故障、未安装旅客列车尾部安全防护装置及安装旅客列车尾部安全防护装置的旅客列车但尾部加挂有客车时，在车站有列检作业的由列检人员负责，无列检作业的以及在区间由车辆乘务员负责进行制动机简略试验。

任务实施

任务名称	连挂作业	任务编号	4-2
任务目的	1. 掌握连挂作业前准备工作。 2. 掌握连挂作业流程。 3. 熟悉机车与列尾装置“一对一”关系建立。		
任务实施	1. 连挂作业前应做哪些准备工作? 2. 叙述连挂作业具体程序。 3. 如何检查机车与车辆连挂状态? 4. 叙述旅客列车尾部安全防护装置“一对一”关系建立流程。		

评价反馈

考核项目	考核要点	分值	自评	互评	师评
实践能力	连挂作业前准备工作的掌握情况	20			
	连挂作业流程的掌握情况	40			
	机车与列尾装置“一对一”关系建立的掌握情况	20			
职业素质	安全意识、遵章守纪、团队合作	20			
小计					
权重(自评 30%+互评 30%+师评 40%)总分					

项目五
运　行

任务一　发车准备

学习目标

1. 熟悉发车前准备工作流程。
2. 掌握简略试验具体作业内容。

相关知识

一、发车前准备工作

1. 复检机车

连挂作业完成后，司机进行换端操作。司机下车检查机车与第一辆车车钩、软管连接状态，折角塞门开放状态。

(1)车钩中心水平线的差度不超过 75 mm。

(2)两车钩均在落锁状态。

(3)软管连结器不漏泄。

(4)两车钩提杆均在落座无抗劲。

(5)车钩锁闭良好，并安装好防跳穿销。

(6)机车软管吊挂、防尘堵放于规定位置(单机时检查两端)。

(7)确认砂路畅通。

(8)确认走行部、蓄电池箱门、牵引电机盖等锁闭良好。

2. 输入列车监控数据

司机按照“LKJ 操纵提示卡”正确输入数据，副司机核对。确认司机号、副司机号、区段号、车站号、车次种类、车次编号、列车种类、本/补、总重、辆数、计长、车速等级等数据正确，“开车”灯点亮。根据运行交路选定 CIR 通信模式，运行中根据提示信息或通信转换标志正确转换通信模式。

3. 制动机简略试验

简略试验的组织分工如下所述。

(1)在站简略试验:有列检作业的由列检人员负责，无列检作业的由车辆乘务员负责，无车辆乘务员的由车站人员负责。挂有列尾装置的列车由司机负责(挂有列尾装置的旅客列车，始发前、摘挂作业开车前及在途中换挂机车站、客列检作业站，有列检作业的由列检人员负责，无列检作业的由车辆乘务员负责)。

(2)路用列车尾部挂有机车以及挂有后部补机并连结软管时，简略试验由本务司机负责。需查询、核对尾部风压时，本务司机与补机司机使用无线调度通信设备联系。

(3)图定回送客车底由车辆乘务员负责简略试验。

(4)途中停车站，挂有列尾装置的货物列车由司机负责简略试验时，司机得到车站准备开车的通知后，进行简略试验，并查询尾部风压；车站未通知准备开车时，出站或发车进路信号机开放后方可缓解列车制动，进行简略试验。查询列尾风压时，应核对风压数值正确，并与列车管风压同升降。

无列尾装置或列尾装置故障的简略试验过程见表 5-1、表 5-2，有列尾装置且作用良好的简略试验过程见表 5-3。

表 5-1 由列检人员参与的简略试验

作业顺序	岗位	作业内容
1	司机	司机确认列车管达到规定的压力
2	列检人员	显示“制动”手信号
3	司机	(1)确认“制动”手信号后，鸣笛一短声 (2)自阀(自动制动阀，亦称“大闸”)减压 100 kPa，对照列车排风时间表核对排风时间 (3)保压 1 min，确认列车管的压力 1 min 内漏泄不得超过 20 kPa
4	列检人员	(1)确认列车尾部最后一辆制动缸活塞行程符合标准，闸瓦密贴车轮，制动良好 (2)显示“缓解”手信号
5	司机	确认“缓解”手信号后，鸣笛二短声。大闸置运转位缓解列车
6	列检人员	确认列车尾部最后一辆制动机缓解良好，显示“试验完了”手信号
7	司机	(1)确认“试验完了”手信号 (2)发车条件具备即可起动列车 (3)不能立即开车时(指进路、出站信号机未开放时)，自阀(大闸)减压 100 kPa 及以上，保持制动状态直至发车前出站(发车进路)信号机开放后，方能缓解列车制动

表 5-2 由车站值班员参与的简略试验

作业顺序	岗位	作业内容
1	司机	司机确认列车管达到规定的压力

续上表

作业顺序	岗位	作业内容
2	车站值班员	车机联控:"××(次)简略试验。"
3	司机	(1)车机联控:"××(次)简略试验,司机明白。" (2)自阀减压 100 kPa,对照列车排风时间表核对排风时间 (3)保压 1 min,确认列车管的压力 1 min 内漏泄不得超过 20 kPa
4	车站值班员	(1)确认列车尾部最后一辆制动缸活塞行程符合标准,闸瓦密贴车轮,制动良好 (2)车机联控:"××(次)尾部车辆已制动。"
5	司机	车机联控:"××(次)尾部车辆已制动,司机明白。" 将大闸置于"运转位",缓解列车
6	车站值班员	(1)确认列车尾部最后一辆制动机缓解良好 (2)车机联控:"××(次)尾部车辆已缓解。"
7	司机	(1)车机联控:"××(次)尾部车辆已缓解,司机明白。" (2)发车条件具备即可起动列车 (3)不能立即开车时(指进路、出站信号机未开放时),自阀(大闸)减压 100 kPa 及以上,保持制动状态直至发车前出站(发车进路)信号机开放后,方能缓解列车制动

注:1. 由车辆乘务员负责进行列车制动机简略试验时的联控用语同上,呼叫人应为"车辆乘务员"。

2. 列车尾部安全距离不足时,司机不得缓解列车,经车站值班员准许后方可缓解。

表 5-3 有列尾装置且作用良好的简略试验

作业顺序	岗位	作业内容
1	司机	司机确认列车管达到规定的压力
2	车站值班员	车机联控:"××(次)简略试验。"
3	司机	(1)车机联控:"××(次)简略试验,司机明白。" (2)自阀减压 100 kPa,对照列车排风时间表核对排风时间 (3)保压 1 min,确认列车管的压力 1 min 内漏泄不得超过 20 kPa (4)按压列尾控制盒或 MMI 界面上的"风压查询"键,确认列车尾部达到定压 (5)发车条件具备即可起动列车 (6)不能立即开车时(指进路、出站信号机未开放时),自阀(大闸)减压 100 kPa 及以上,保持制动状态直至发车前出站(发车进路)信号机开放后,方能缓解列车制动

注:1. 挂有列尾且作用良好时,简略试验、确认贯通由司机负责。

2. 列车尾部安全距离不足时,司机不得缓解列车,经车站值班员准许后方可缓解。

二、发车前应具备的条件

1. 发车前 3 min,全员登上司机室,并再次确认各开关状态及手柄位置。

2. 司机再次确认列尾装置控制盒绿色键,检查列尾列车管压力是否与机车列车管压力相符。

3. 两人共同确认占用区间的行车凭证,调度命令,进路表示器,并严格执行"车机联控"制度和呼唤应答制度,做到没有凭证不喊信号,高声呼唤,手比眼看。

任务实施

任务名称	发车准备	任务编号	5-1
任务目的	1. 熟悉发车前准备工作流程。 2. 掌握简略试验具体作业内容。		
任务实施	1. 发车前都有哪些准备工作？ 2. 叙述发车前所输入的监控数据具体包括哪些。 3. 分别叙述无列尾装置或列尾装置故障的简略试验过程及有列尾装置且作用良好的简略试验过程。		

评价反馈

考核项目	考核要点	分值	自评	互评	师评
实践能力	发车前准备工作流程的掌握情况	20			
	简略试验作业内容的掌握情况	60			
职业素质	安全意识、遵章守纪、团队合作	20			
小计					
权重(自评 30%＋互评 30%＋师评 40%)总分					

任务二　发车作业

学习目标

1. 掌握电力机车发车作业流程。
2. 掌握机车乘务员出段至发车呼唤应答标准用语。

相关知识

一、电力机车发车作业

确认凭证，联控进路，确认发车，鸣笛起车，后部瞭望，对标开车。

(1)将交付揭示放在操纵端各自前方操纵台上。单机在自动闭塞区间运行时，短路铜线须放置在操纵端司机室备用。水杯应加盖，可靠放置，防止水洒入操纵台造成接地。司机室所有人员站立、坐下、移动物品时不得触碰各类开关、按钮、手柄。

(2)确认地面信号。全员确认出站(进路)信号机显示(机车距信号机不足 10 m 或在司机室内不能确认信号显示时，司机须下车确认)、具有多方向的须确认进路表示器显示正确(装有进路表示器或发车线路表示器的出站信号机，当该表示器不良时，由办理发车人员通知司机后，列车凭出站信号机的显示出发)。非正常情况下确认行车凭证正确。遇到规定的运行径路与车站办理进路不符时，严禁开车。

(3)司机确认为第一次走行该经路、股道时，要向所属运用车间派班室报告(或驻站、坐岗干部)，接受相关指导。

(4)确认换向手柄与列车运行方向一致，且 LKJ 工况显示与换向手柄位置一致，上下行开关位置、机车信号显示正确。

(5)动车组以外旅客列车，站内停车再开或始发时，信号开放后，司机确认后主动询问进路。其他列车，信号开放后，接到车站值班员出站或发车进路好了的联控后，司机确认信号正确后复诵；未得到车站值班员通报进路时，司机应主动询问。联控不清时严禁动车。

(6)将单独制动阀移至全制动位，将换向手柄移动至前进位，将主手柄瞬间移至一位，使机车加载，并瞬间回零，目的是确认机车牵引状态，为列车起动做好准备工作。

(7)确认发车信号：

①办理旅客乘降业务的旅客列车(动车组除外)，应使用手信号旗(灯)发车(设有发车表示器的线路除外)。

其他列车语音记录装置良好的车站，准许使用列车无线调度通信设备发车。

在设有发车表示器的线路，动车组以外的列车可按发车表示器显示发车，当发车表示器故障或因列车停车位置不能使用发车表示器时，发车人员与司机联系后，使用手信号灯（旗）或列车无线调度通信设备发车。

②除办理客运业务的旅客列车外，其他列车在乘降所（不包括按乘降所办理的车站）或乘降点临时停车再开时，司机自行开车，根据信号机显示运行。

③车站（助理）值班员应在旅客乘降、行包装卸的一侧显示发车信号。军用人员列车，应在人员乘降的一侧显示发车信号。始发货物列车及其他列车，发车人员应在出站（进路）信号机一侧显示发车信号；无出站（进路）信号机线路应在列车左侧显示发车信号。如列车在旅客站台或运转室一侧时，可在站台上或运转室一侧显示发车信号。

④在线路所临时停车时，按列车在站内临时停车办法办理，需车务人员发车时不显示发车信号，由线路所车站值班员通知司机开车。

⑤确认发车手信号时须全员在发车手信号侧开门、窗进行手比呼唤确认。确认发车手信号时须全员在发车手信号侧开门、窗进行手比呼唤确认。

确认发车信号手比时，手臂伸直握拳，确认发车手信号，根据圈数相应伸出小指、无名指、中指。联控用语：

副司机："发车信号。"

全员："一圈、两圈、三圈，发车信号好了。"

遇天气不良或特殊情况下确认发车信号困难时，司机应使用列车无线调度通信设备进行确认。使用列车无线调度通信设备发车时，司机须确认车次、股道正确、用语标准。

车站值班员："××次列车××道发车，××次列车××道发车。"

司机："××次列车××道发车，××次列车××道发车，司机明白。"

(8)确认制动机手柄位置正确，大小闸至运转位；各仪表显示正常，货物列车起动前按压列尾装置司机控制盒【查询】键，确认列尾风压稳定上升，检查尾部列车管压力与机车列车管压力基本一致（无列尾装置或列尾装置故障时，设有流量表的机车注意流量表显示，未设流量表的机车确认总风缸压力稳定）；鸣笛一长声，换向手柄置前位，主手柄前移置"牵引区"起动列车；旅客列车起动后，查询列尾风压稳定上升。

(9)管内旅客列车实施保压开车，先提主手柄、再缓解机车、列车制动。

(10)货物列车起动困难时，可适当压缩车钩，但不应超过总辆数的三分之二。压缩车钩后，在机车加载前，不得缓解机车制动。

(11)电力机车手柄进级时，应逐位进级，使牵引电流（功率）稳定上升，做到起车稳、加速快、防止空转。当列车不能起动或起动过程中空转不能消除时，应迅速调整主手柄位置，重新起动列车。

(12)后部瞭望：

①双人值乘区段，全列起动 10 m 后站台侧、非站台侧交替进行后部瞭望（单机除外），确认有无异常情况，发现影响行车安全时，及时采取停车措施。

②单司机值乘时，开车后可不进行后部瞭望，但是在区间乘降所（线路所）停车办理客运业务时，开车前司机须对乘降侧进行后部瞭望，列车起动后再次瞭望。

(13)站立瞭望：

①列车起动，副司机站立瞭望至进路或出站信号机平齐处；车站通过，在进站信号机平齐处站立、出站信号机平齐处坐下；站内停车，在进站信号机平齐处站立，停车后坐下。单端司机室的机车长端在前时不站立瞭望。对一站多场的车站，通过时在助理值班员接车场进路信号机，停车时在停车场进路信号机处站立。

②双班单司机值乘时，间休司机应在非操纵端休息。在副司机侧值乘时，须坐姿端正、执行作业标准。

③确认道岔限速：

副司机："前方注意，道岔限速××km/h(根据道岔实际限速呼唤)。"

司机："道岔限速××km/h，级位×.×(根据手柄级位呼唤)。"

副司机："级位×.×。"

(14)规定地点对标开车。当列车头部接近规定的对标开车地点(一般为正线出站信号机或者本股道出站信号机处)，副司机："注意对标"。

操纵司机按压 LKJ 上的【开车】键进行对标开车，呼唤："对标好了，道岔限速××km/h。"

副司机："对标好了，道岔限速××km/h。"

(15)司机手册记点。列车在停、开及局间分界站通过时记点。全列出站，先呼唤后记点，遇黄、红信号及道口、曲线、桥梁、隧道等须加强瞭望时不允许记点。单司机值乘时，记点须在停车状态进行。双班单司机值乘时由操纵司机在自己的司机手册记点。

(16)确认仪表：

副司机："仪表注意。"

司机："列车管×××kPa，制动缸×××kPa，控制电压×××V，网压××kV，各仪表显示正常(如果正常)。"

副司机："列车管×××kPa，制动缸×××kPa，控制电压×××V，网压××kV，各仪表显示正常(如果正常)。"

(17)车位校正(自动闭塞区间)。当列车头部接近第一离去通过信号机时，副司机呼唤："确认车位。"

司机注意观察 LKJ 上第一离去通过信号机与地面信号机是否位置相符，如果不相符，在列车头部与第一离去通过信号机平齐处按压 LKJ 上的【自动校正】键，然后呼唤："车位正确。"

副司机呼唤："车位正确。"

二、出段至发车时机车乘务员呼唤应答标准用语

1. 出段至发车时机车乘务员单人值乘呼唤标准用语(表 5-4)

表 5-4 出段至发车时机车乘务员单人值乘呼唤标准用语

序号	呼唤时机	呼唤项目	确认呼唤标准用语
1	电力机车升弓	升弓作业	升弓注意，升弓好了
2	整备完毕，人员就岗	出段准备作业	出段准备好了

续上表

序号	呼唤时机	呼唤项目	确认呼唤标准用语
3	出段前	还道信号及出段手信号显示(非集中操纵道岔)	××道,出段手信号好了
4		出段信号显示(含出段简易信号)	出段信号,白(绿)灯 出段信号,蓝(红)灯停车
5	经过非集中操纵道岔前	道岔开通位置	道岔开通正确
6	经过其他要道还道地点前	还道信号及道岔开通手信号显示	一度停车 ××道,手信号好了
7	行至站段分界点	站段分界点(或一度停车牌)	一度停车
8	调车信号前	调车信号显示	调车信号,白灯 调车信号,蓝(红)灯停车
9	调车复示信号前	调车复示信号	复示信号,白灯 复示信号,注意
10	换端作业时	制动防溜	注意防溜,制动缸压力××kPa
11	进入挂车线	脱轨器	脱轨器,撤除好了、(红灯、红牌)停车
12	连挂车时	连挂距离	十辆 、五辆、三辆、停车
13		防护信号	防护信号,撤除好了 防护信号,注意
14	列车制动机试验时	列车制动机试验作业	制动、缓解 试风好了
15	发车前	行车安全装备设置作业	LKJ 设置,设置好了 CIR(或通信装置)设置,设置好了 列尾装置设置,设置好了 机车信号确认,确认好了
16		出站(发车进路)信号显示一个绿灯	绿灯,出站(发车进路)好了
17		出站(发车进路)信号显示两个绿灯	双绿灯,××(线、站)方向出站好了
18		出站(发车进路)信号显示一个绿灯一个黄灯	绿黄灯,出站(发车进路)好了
19		出站(发车进路)信号显示一个黄灯	黄灯,出站(发车进路)好了
20		非正常行车确认行车凭证时	确认行车凭证,路票正确 确认行车凭证,绿色许可证正确 确认行车凭证,红色许可证正确 确认行车凭证,调度命令正确
21		进路表示器显示	进路表示器,××(线、站)方向好了 进路表示器,正、反方向好了
22		发车信号	一圈、两圈、三圈,发车信号好了 联控发车好了
23		发车表示器	发车表示器白灯
24	起动列车后	确认开车时刻	正点(或晚点××分)开车
25		监控装置对标点及道岔限速	对标好了,道岔限速××km/h
26	出站后	操纵台各仪表、指示灯、机车微机工况屏显示	各仪表(网压)显示正常

2. 出段至发车时机车乘务员双人值乘呼唤应答标准用语(表 5-5)

表 5-5 出段至发车时机车乘务员双人值乘呼唤应答标准用语

序号	呼唤时机	呼唤		应答		复诵	
		呼唤者	标准用语	应答者	标准用语	复诵者	标准用语
1	电力机车升弓	操纵司机	升弓	副司机 非操纵司机	升弓注意	操纵司机	升弓好了
2	整备完毕，人员就岗	副司机 非操纵司机	出段准备	操纵司机	准备好了		
3	出段前	副司机 非操纵司机	还道信号 出段信号(非集中操纵道岔呼唤内容)	操纵司机	××道 出段手信号好了	副司机 非操纵司机	××道 出段手信号好了
4		副司机 非操纵司机	出段信号	操纵司机	白(绿)灯 蓝(红)灯停车	副司机 非操纵司机	白(绿)灯 蓝(红)灯停车
5	经过非集中操纵道岔前	副司机 非操纵司机	道岔注意	操纵司机	道岔开通正确	副司机 非操纵司机	道岔开通正确
6	经过其他要道还道地点前	副司机 非操纵司机	一度停车 还道信号 道岔开通信号	操纵司机	一度停车 ××道 手信号好了	副司机 非操纵司机	××道 手信号好了
7	行至站段分界点(或一度停车牌)	副司机 非操纵司机	一度停车	操纵司机	一度停车		
8	调车信号前	副司机 非操纵司机	调车信号	操纵司机	白灯、蓝(红)灯停车	副司机 非操纵司机	白灯、蓝(红)灯停车
9	调车复示信号前	副司机 非操纵司机	复示信号	操纵司机	白灯 注意信号	副司机 非操纵司机	白灯 注意信号
10	换端作业时	副司机 非操纵司机	注意防溜	操纵司机	注意防溜，制动缸压力××kPa		

续上表

序号	呼唤时机	呼唤		应答		复诵	
		呼唤者	标准用语	应答者	标准用语	复诵者	标准用语
11	进入挂车线	副司机 非操纵司机	脱轨器注意	操纵司机	撤除好了 （红灯、红牌）停车	副司机 非操纵司机	撤除好了 （红灯、红牌）停车
12	连挂车时	副司机 非操纵司机	十辆、五辆、三辆、停车	操纵司机	十辆、五辆、三辆、停车		
13		副司机 非操纵司机	防护信号	操纵司机	撤除好了 注意信号	副司机 非操纵司机	好了 注意
14	列车制动机试验时	副司机 非操纵司机	制动、缓解 试风好了	操纵司机	制动、缓解 试风好了		
15	发车前	副司机 非操纵司机	确认行车安全装备	操纵司机	LKJ 设置好了 CIR（或通信装置）设置好了 列尾装置设置好了 机车信号确认好了	副司机 非操纵司机	LKJ 设置好了 CIR（或通信装置）设置好了 列尾装置设置好了 机车信号确认好了
16		副司机 非操纵司机	出站（发车进路）信号	操纵司机	绿灯，出站（发车进路）好了 双绿灯，××（线、站）方向出站好了 绿黄灯，出站（发车进路）好了 黄灯，出站（发车进路）好了	副司机 非操纵司机	绿灯，出站（发车进路）好了 双绿灯，××（线、站）方向出站好了 绿黄灯，出站（发车进路）好了 黄灯，出站（发车进路）好了
17		副司机 非操纵司机	确认路票 确认绿色许可证 确认红色许可证 确认调度命令	操纵司机	路票正确 绿色许可证正确 红色许可证正确 调度命令正确	副司机 非操纵司机	路票正确 绿色许可证正确 红色许可证正确 调度命令正确

续上表

序号	呼唤时机	呼唤		应答		复诵	
		呼唤者	标准用语	应答者	标准用语	复诵者	标准用语
18	发车前	副司机 非操纵司机	进路表示器	操纵司机	××(线、站)方向好了 正、反方向好了	副司机 非操纵司机	××(线、站)方向好了 正、反方向好了
19		副司机 非操纵司机	发车信号	操纵司机	一圈、两圈、三圈，发车信号好了 联控发车好了	副司机 非操纵司机	一圈、两圈、三圈，发车信号好了 联控发车好了
20		副司机 非操纵司机	发车表示器	操纵司机	发车表示器白灯	副司机 非操纵司机	发车表示器白灯
21	起动列车后	副司机 非操纵司机	确认开车时刻	操纵司机	正点(或晚点××分)开车	副司机 非操纵司机	好了
22	起动列车后	副司机 非操纵司机	注意对标	操纵司机	对标好了 道岔限速××km/h	副司机 非操纵司机	好了 道岔限速××km/h
23		副司机 非操纵司机	后部注意	操纵司机	后部好了	副司机 非操纵司机	后部好了
24	出站后	副司机 非操纵司机	仪表注意	操纵司机	各仪表(网压)显示正常		

任务实施

任务名称	发车作业	任务编号	5-1
任务目的	1. 熟悉电力机车发车作业流程。 2. 掌握出段至发车时机车乘务员呼唤应答标准用语。		
任务实施	1. 发车前机车乘务员应确认哪些信号? 2. 试述电力机车发车作业流程。 3. 两人一组,模拟出段至发车时机车乘务员双人值乘呼唤应答标准用语。		

评价反馈

考核项目	考核要点	分值	自评	互评	师评
实践能力	电力机车发车作业流程的掌握情况	40			
	出段至发车时机车乘务员呼唤应答标准用语的掌握情况	40			
职业素质	安全意识、遵章守纪、团队合作	20			
小计					
权重(自评 30%+互评 30%+师评 40%)总分					

任务三 途中运行

学习目标

1. 掌握列车操纵示意图识读方法。
2. 掌握机车操纵提示卡识读方法。
3. 掌握列车运行中的注意事项。
4. 掌握安全行车注意事项。

相关知识

一、列车操纵示意图(图 5-1)

列车操纵示意图应包括以下内容：

(1)列车速度曲线。

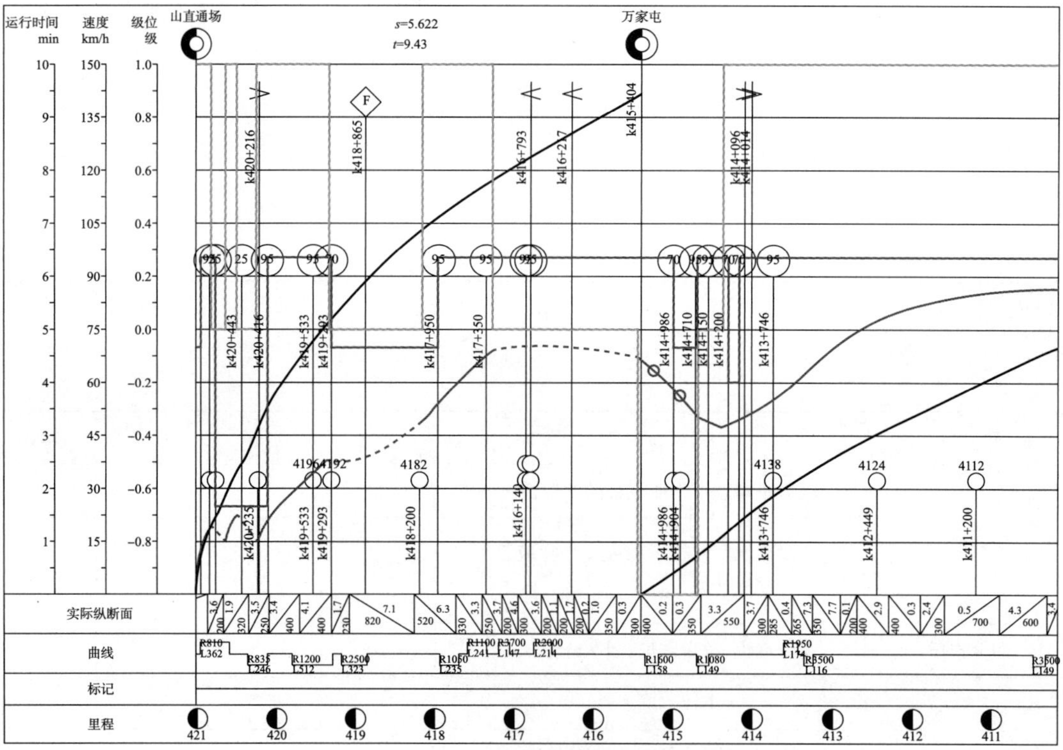

图 5-1 列车操纵示意图

(2)运行时分曲线。

(3)线路纵断面和信号机位置。

(4)站场平面示意图。

(5)提、回手柄地点。

(6)动力制动使用和退回地点。

(7)空气制动减压量和缓解地点及速度。

(8)区间限制速度及区段内各站道岔的限制速度。

(9)机械间、走廊巡视时机。

(10)接触网分相区设置地点。

(11)各区间注意事项。

二、列车操纵提示卡(图 5-2)

铁路局集团公司按照列车操纵示意图相关内容,针对担当区段的安全关键,编制操纵提示卡,明确区间公里、运行时分、平均速度、具体提回手柄地点、提回手柄级位或柴油机转速、制动机使用操作、电力机车过分相操作、特殊困难区段操作,以及含到发线有效长度、道岔限速、站中心公里、股道有无接触网等内容的中间站站场示意图等内容和安全注意事项。

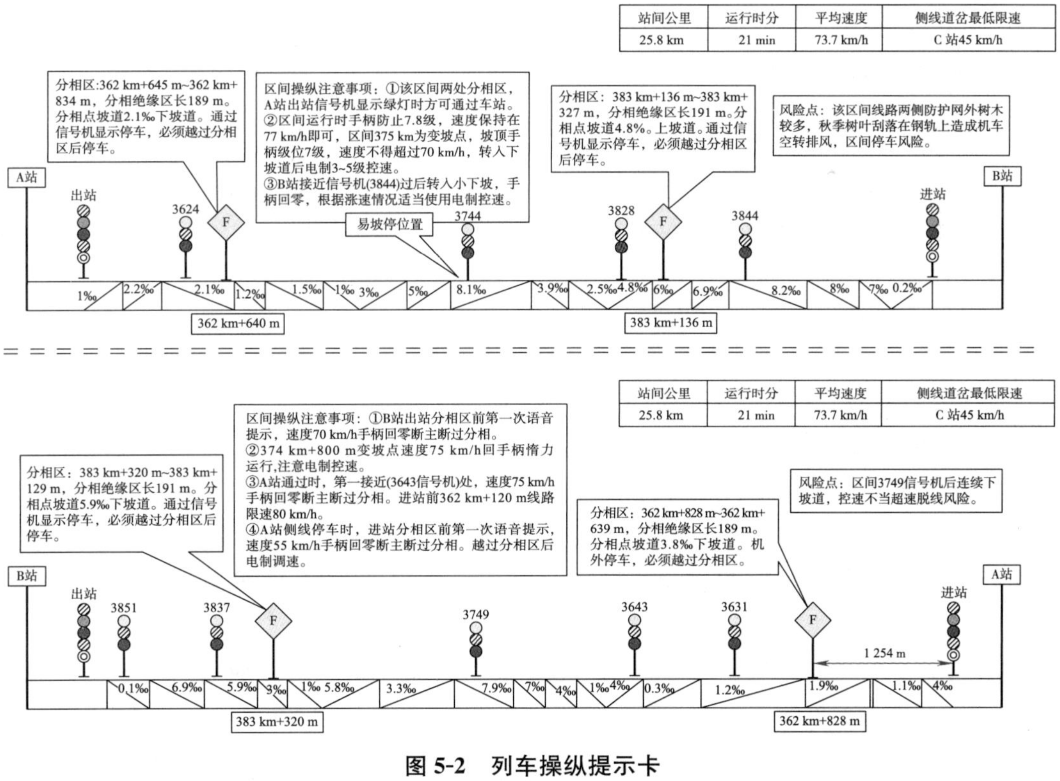

图 5-2　列车操纵提示卡

三、列车管贯通试验

1. 旅客列车贯通试验

旅客列车起动后，司机与车辆乘务员核对尾部风压。遇车辆乘务员或司机换班，须使用列车无线调度通信设备相互通报姓名，时机为：在换班站列车起动越过出站信号机后，司机与车辆乘务员核对风压联控时，一并相互通报姓名、核对时钟。

在车站开车，全列越过出站或第一架进路信号机后核对尾部风压，装有列尾装置时还应查询风压。挂有后部补机并连结软管时，需查询、核对尾部风压时，由本务司机与补机司机使用无线调度通信设备联系，联系用语按制动机简略试验时的用语执行。

查询尾部风压时，应核对风压数值正确，并与列车管风压同升降。

2. 货物列车贯通试验

货物列车开车后，必须进行贯通试验(装有作用良好的列尾装置时除外)。货物列车在规定的贯通试验地点进行贯通试验时，司机确认列车管排风结束、列车速度下降 5 km/h 及以上方可缓解，同时要确认机车压力表压力、流量表及列车充排风时间。

全列空车进行贯通试验时，在条件允许时，对限速 80 km/h 的列车，速度应在 70 km/h 以上；对限速 68 km/h 的列车，速度应在 60 km/h 以上。全列空车进行贯通试验时的减压量不得超过 60 kPa，列车管风未排完时不得缓解；列车管排风结束后，速度低于 30 km/h 时不得缓解，直至停车。

四、列车运行中注意事项

(1)根据列车速度，适当选择手柄位置。

(2)解除机车牵引力时，牵引手柄要在接近“0”位前稍作停留，再退回“0”位。

(3)使用磁场削弱时，要在牵引电机端电压接近或者达到额定值。电流还有相当余量时，逐级进行，严禁一次推至三级。

(4)过分相操作。

电力机车通过分相绝缘器时严禁升双弓，牵引手柄回至“0”位，按“断”“合”电标志，及时断开、闭合主断路器(使用自动过分相时除外，但须注意蜂鸣器鸣响或显示屏显示，发现蜂鸣器未鸣响时立即手动断开主断路器)。同时须确认网压下降、上升，确认显示屏灯显、辅助电压、控制电压，直供电列车确认供电正常。通过分相绝缘器前，列车速度过低时，允许快速退回牵引手柄。

自动过分相时，经过乘务区段第一个分相区(上网点)，司机须做好手动断开主断路器的准备。运行中自动过分相装置故障或接到地感器故障的通知时，应采用手动过分相(上网点)，机车全部越过合电标，确认网压上升并稳定后，合上主断路器。

经过分相点(上网点)时，司机须确认地感器状态，发现地面磁感应器失效时，应使用列车无线调度通信设备报告临近车站。

(5)遇到接触网故障，遇升降弓标志或临时降弓、升弓手信号时，及时降下或升起受电弓。

(6)接触网临时停电，需要迅速断开主断路器，降下受电弓，就地停车。

(7)当发现接触网异常,除采取上述措施外,应立即报告电力调度员和列车调度员。

(8)装有 DK-1 型制动机的机车,每运行 2～3 个区间,应使用检查按钮,检查列车管贯通状态,每区间小闸单缓两次,避免由于错误触碰导致小闸在制动区所导致的机车带闸运行。

(9)列车运行中,发现列车管压力表表针急剧下降、摆动,以及空气压缩机长时间泵风不止,或列尾装置发出列车管压力不正常报警时,应迅速停止向列车管充风,解除机车牵引力,及时采取停车措施;若确认列车折角塞门关闭,应立即按压列尾装置司机控制盒红色按钮,采用列尾装置主机排风制动措施,停车前,适当撒砂(避免列车由于紧急制动造成滑行,导致动轮踏面擦伤)。停车后,司机立即上报列车调度员、车站值班员、查明原因并妥善处理;开车前,司机确认列车管贯通状态后,方可起动列车。

(10)遇有紧急情况时,及时实施紧急制动,迅速将大闸手把推向紧急制动位,并迅速解除机车牵引力。全列车未停稳,严禁擅自移动大小闸手柄,紧急制动后如机车无自动撒砂装置时,应人为撒砂。

(11)装有动力制动装置的机车运行中调速时,应首先使用动力制动,当动力制动不能控制列车速度时,应与空气制动配合使用,配合使用时,应做到以下几点:

①电力机车给定制动励磁电流时,制动电流的升降要做到平稳。

②制动电流不得超过额定值。

③当动力制动与空气制动配合使用时,应使用小闸单独缓解掉机车制动力,避免机车动力抱死。

④需要缓解时应该先缓解空气制动,再解除动力制动。

(12)中间站停留时,不准停止劈相机和空气压缩机的工作。

进站停车时,应注意车站接车人员的移动手信号。

货物列车应保压停车,直至发车前接到车站准备开车的通知后,方可缓解列车。避免由于列车处于坡道,导致列车尾部由于压钩停车原因,溜出警冲标侵入临线导致列车行车事故的发生。

夜间等会列车时,应将机车头灯灯光减弱或熄灭。

中间站停车,有条件时应对机车主要部件进行检查。

司机必须坚守岗位,不得擅自离开机车。

开车前,应使用列尾装置司机控制盒检查确认列尾列车管压力。

(13)电力机车在附挂运行中,换向器方向应与列车运行方向相同,主接触器在断开位,严禁进行电器动作实验,严防逆电发生。

(14)机车各安全保护装置和监督、计量器均不得盲目切(拆)除及任意调整其动作参数。内燃电力机车各保护电器(油压、水温、接地、过流、柴油机超速、超压等保护装置)动作后,在未判明原因前,不得强迫启动柴油机及切除各保护装置。机车保护装置切除后,应密切注视机车各仪表的显示,加强机械间的巡视。

(15)运行中,应随时注意机车各仪表的显示。发现机车故障处所和非正常情况,要迅速判明原因及时处理,并将故障现象及处理情况填记“机车运行日志”。

牵引直供电、双管供风的旅客列车时,运行中应注意确认列车供电电压及电流列车总风管压力的显示，发现异常情况时应及时通知车辆乘务员，按其要求运行或维持到前方车站停车处理，并报告列车调度员或车站值班员。

旅客列车在区间发生故障需双管改单管供风时，司机应掌握安全速度（最高不超过 120 km/h）运行至前方站后进行，跨局旅客列车改为单管供风后，司机报告车站值班员转报列车调度员。因列车总风管压力漏泄不能维持运行，应立即停车，关闭机车后部折角塞门判断机车或车辆原因，属车辆原因应立即通知车辆乘务员处理。

（16）遇天气恶劣，应加强瞭望和鸣笛，信号机显示距离不足 200 m 时，应立即报告车站值班员或列车调度员。由列车调度员根据实际情况决定是否发布特殊天气行车办法。

五、安全行车注意事项

（1）机车乘务员不得超越机车限界进行作业，电气化区段严禁攀登机车、车辆顶部，途中停车检查时，身体不得侵入临线限界。

（2）电力机车乘务员需要登机车顶部检查弓网状态或处理故障时，应断开主断路器降下受电弓，必须向车站值班员或列车调度员申请办理登顶作业，接到列车调度员发布接触网已停电允许登顶作业的调度命令并验电、接地后方准作业。

（3）外走廊式的机车运行中机车乘务员不得在走廊上作业。

（4）严禁向机车外部抛撒火种，机械间严禁吸烟。

（5）列车在区间被迫停车不能继续运行时，司机应立即使用列车无线调度通信设备通知两端站、列车调度员及车辆乘务员，报告停车原因和停车位置，根据需要迅速请求救援并按规定设置防护。机车故障后 10 min 内不能恢复运行时，司机应迅速请求救援。

（6）遇天气不良、机车牵引力不足等原因，列车在困难区段可能发生坡停或严重运缓时，司机应提前使用列车无线调度通信设备通知两端站或列车调度员。

（7）单机进入区间担当救援作业，在自动闭塞区间正方向运行时，应使 LKJ 处于通常工作状态，严格按分区通过信号机的显示要求行车；在自动闭塞区间反方向、半自动闭塞区间及自动站间闭塞区间运行时，应使 LKJ 处于调车工作状态。在接近被救援列车 2 km 时，按规定严格控制速度。

（8）运行途中突发难以抵抗的身体急症，要立即报告列车调度员或车站值班员，不能维持驾驶操纵的要立即采取停车措施，等待救援。

六、途中运行时机车乘务员呼唤应答标准用语

1. 途中运行时机车乘务员单人值乘呼唤标准用语（表 5-6）

表 5-6　途中运行时机车乘务员单人值乘呼唤标准用语

序号	呼唤时机	呼唤项目	确认呼唤标准用语
1	贯通试验或试闸点	贯通试验或试闸作业	贯通试验，贯通试验好了 试闸，试闸好了
2	查询列尾时	列尾查询作业	列尾查询，尾部风压××kPa

续上表

序号	呼唤时机	呼唤项目	确认呼唤标准用语
3	接近慢行地段限速标	慢行标识及限速值	慢行限速××km/h
4	慢行减速地点(始端)标	慢行减速地点(始端)标位置	慢行开始
5	慢行减速地点(终端)标	慢行减速地点(终端)标位置	严守速度
6	越过减速防护地段终端信号标	减速防护地段终端信号标位置	慢行结束
7	乘降所	乘降所	××乘降所停车
8	分相前	分相位置	过分相注意
9	禁止双弓标前	禁止双弓标	单弓好了
10	断电标前	断电标(T断标)	断电好了
11	越过合电标后	合电标	闭合好了
12	准备降弓标	准备降弓标	准备降弓
13	降弓标前	降弓标	降弓好了
14	越过升弓标后	升弓标	升弓好了
15	遮断信号	遮断信号显示	遮断信号,红灯停车、无显示
16	半自动闭塞区段进站(进路)信号机处 自动闭塞区段进站信号前一架通过信号机、进站(进路)信号机处 雨雪雾等不良天气,自动闭塞区段通过信号机逐架确认	监控距离与地面信号机实际距离核对	确认车位,车位正确 确认车位,校正好了
17	进站、接车进路复示信号	复示信号显示	复示信号,直向、侧向 复示信号,注意信号
18	出站、发车进路复示信号	复示信号显示	复示信号,好了 复示信号,注意信号
19	通过手信号	通过手信号显示	通过手信号,好了(站内停车)
20	防护信号前	防护信号	防护信号,红灯(红旗)停车、火炬停车、撤除好了
21	预告信号前	预告信号显示	预告信号,好了、注意信号
22	CIR接收接车进路预告信息时	进路预告信息内容	××站(线路所)××道通过(停车)、机外停车
23	接收临时调度命令时	调度命令号及内容	确认调度命令,确认好了
24	通信模式转换时	模式转换	通信转换注意,转换好了
25	机车信号转换时	机车信号转换	机车信号转换,转换好了
26	接近信号前	接近信号显示	绿灯 绿黄灯 黄灯减速

续上表

序号	呼唤时机	呼唤项目	确认呼唤标准用语
27	进站(接车进路)信号前	进站(进路)信号机显示一个绿灯	绿灯,正线通过
28		进站(进路)信号机显示一个绿灯一个黄灯	绿黄灯,正线通过,注意运行
29		进站(进路)信号机显示一个黄灯	黄灯,正线停车
30		进站(进路)信号机显示两个黄灯	双黄灯,侧线,限速××km/h
31		进站(进路)信号机显示黄闪黄	黄闪黄,侧线,限速××km/h
32		进站(进路)信号机显示红灯	红灯,机外停车
33		非正常行车确认行车凭证时	一红一白,引导信号好了 黄旗、黄灯,引导手信号好了 绿旗、绿灯,特定引导手信号好了 机外停车
34	出站(发车进路)信号前	出站(发车进路)信号显示一个绿灯	绿灯,出站(发车进路)好了
35		出站(发车进路)信号显示两个绿灯	双绿灯,××(线、站)方向出站好了
36		出站(发车进路)信号显示一个绿灯一个黄灯	绿黄灯,出站(发车进路)好了
37		出站(发车进路)信号显示一个黄灯	黄灯,出站(发车进路)好了
38		出站(发车进路)信号显示一个红灯	红灯,站内停车
39		非正常行车确认行车凭证时	确认行车凭证,路票正确 确认行车凭证,绿色许可证正确 确认行车凭证,红色许可证正确 确认行车凭证,调度命令正确
40	站内开车前 转换载频后 侧线通过,机车进入股道内 半自动、自动站间闭塞区段机车越过上码点后 自动闭塞区段,侧线开车(通过)越过反方向进站信号机后 分歧方向车站,机车进入股道内、越过出站信号机后	机车信号	绿灯(绿黄灯、黄灯、双黄灯、双黄闪、黄2灯、黄2闪) 红黄灯停车 白灯(红灯)注意

续上表

序号	呼唤时机	呼唤项目	确认呼唤标准用语
41	进路表示器前	进路表示器显示	进路表示器，××(线、站)方向好了 进路表示器，正、反方向好了
42	确认仪表时	操纵台各仪表、指示灯、机车微机工况屏显示	各仪表(网压)显示正常
43	自动闭塞区段闭塞分区通过信号前	闭塞分区通过信号显示	绿灯 绿黄灯 黄灯减速 红灯停车
44	线路所通过信号机前	线路所通过信号显示	通过信号 绿灯，(××方向好了) 绿黄灯，(××方向好了) 黄灯减速，(××方向好了) 侧线限速××km/h、××方向好了 机外停车
45		非正常行车确认行车凭证时	确认行车凭证，凭证正确
46	列车运行限制速度变速点前(由高速变低速)	变速点低速值	前方限速××km/h，注意控速
47	输入侧线股道号	侧线股道号	××道输入好了
48	输入支线号	支线号	支线号输入好了
49	接近限制鸣笛标前	限制鸣笛标	进入限鸣区段
50	接近防洪地点标前	防洪地点标	防洪地点，注意运行
51	接近道口前	道口位置	道口注意
52	列车客运停点、终到	报点	正点(晚点或早点××分)到达(通过、开车)

2. 途中运行时机车乘务员双人值乘呼唤应答标准用语(表 5-7)

表 5-7　途中运行时机车乘务员双人值乘呼唤应答标准用语

序号	呼唤时机	呼唤		应答		复诵	
		呼唤者	标准用语	应答者	标准用语	复诵者	标准用语
1	机械间巡视及巡视后	副司机 非操纵司机	机械间检查 各部正常	操纵司机	注意安全 好了	副司机 非操纵司机	加强瞭望
2	贯通试验或试闸点	副司机 非操纵司机	贯通试验 或试闸	操纵司机	贯通试验好了 或试闸好了	副司机 非操纵司机	好了
3	查询列尾时	副司机 非操纵司机	列尾查询	操纵司机	尾部风压××kPa	副司机 非操纵司机	好了
4	接近慢行地段限速标	副司机 非操纵司机	慢行注意	操纵司机	限速××km/h	副司机 非操纵司机	限速××km/h

续上表

序号	呼唤时机	呼唤		应答		复诵	
		呼唤者	标准用语	应答者	标准用语	复诵者	标准用语
5	慢行减速地点(始端)标	副司机 非操纵司机	慢行开始	操纵司机	慢行开始		
6	慢行减速地点(终端)标	副司机 非操纵司机	严守速度	操纵司机	严守速度		
7	越过减速防护地段终端信号标	副司机 非操纵司机	慢行结束	操纵司机	慢行结束		
8	乘降所	副司机 非操纵司机	××乘降所	操纵司机	停车	副司机 非操纵司机	停车
9	接近分相前	副司机 非操纵司机	过分相注意	操纵司机	注意	副司机 非操纵司机	注意
10	禁止双弓标前	副司机 非操纵司机	禁止双弓	操纵司机	单弓好了	副司机 非操纵司机	好了
11	断电标(T断标)前	副司机 非操纵司机	断电	操纵司机	断电好了	副司机 非操纵司机	好了
12	越过合电标后	副司机 非操纵司机	闭合	操纵司机	闭合好了	副司机 非操纵司机	好了
13	准备降弓标前	副司机 非操纵司机	准备降弓	操纵司机	准备降弓		
14	降弓标前	副司机 非操纵司机	降弓	操纵司机	降弓好了	副司机 非操纵司机	好了
15	越过升弓标后	副司机 非操纵司机	升弓	操纵司机	升弓好了	副司机 非操纵司机	好了
16	遮断信号前	副司机 非操纵司机	遮断信号	操纵司机	红灯停车, 无显示	副司机 非操纵司机	红灯停车, 无显示
17	半自动闭塞区段进站(进路)信号机处 自动闭塞区段进站信号前一架通过信号机、进站(进路)信号机处 雨雪雾等不良天气,自动闭塞区间通过信号机逐架确认	副司机 非操纵司机	确认车位	操纵司机	车位正确 校正好了	副司机 非操纵司机	车位正确 好了

续上表

序号	呼唤时机	呼唤		应答		复诵	
		呼唤者	标准用语	应答者	标准用语	复诵者	标准用语
18	进站、接车进路复示信号前	副司机 非操纵司机	复示信号	操纵司机	直向、侧向或注意信号	副司机 非操纵司机	直向、侧向或注意信号
19	出站、发车进路复示信号前	副司机 非操纵司机	复示信号	操纵司机	复示好了、注意信号	副司机 非操纵司机	复示好了、注意信号
20	通过手信号	副司机 非操纵司机	通过手信号	操纵司机	手信号好了 站内停车	副司机 非操纵司机	手信号好了 站内停车
21	防护信号前	副司机 非操纵司机	防护信号	操纵司机	红灯（红旗）停车 火炬停车 撤除好了	副司机 非操纵司机	红灯（红旗）停车 火炬停车 撤除好了
22	预告信号前	副司机 非操纵司机	预告信号	操纵司机	预告好了 注意信号	副司机 非操纵司机	预告好了 注意信号
23	CIR接收接车进路预告信息时	副司机 非操纵司机	确认进路预告信息	操纵司机	××站（线路所）××道通过（停车）、机外停车	副司机 非操纵司机	××站（线路所）××道通过（停车）、机外停车
24	接收临时调度命令时	副司机 非操纵司机	确认调度命令	操纵司机	调度命令确认好了	副司机 非操纵司机	调度命令确认好了
25	通信模式转换时	副司机 非操纵司机	通信转换注意	操纵司机	转换好了	副司机 非操纵司机	好了
26	转换机车信号时	副司机 非操纵司机	机车信号转换注意	操纵司机	转换好了	副司机 非操纵司机	好了
27	接近信号前	副司机 非操纵司机	接近信号	操纵司机	绿灯 绿黄灯 黄灯减速	副司机 非操纵司机	绿灯 绿黄灯 黄灯减速
28	进站（接车进路）信号前	副司机 非操纵司机	进站（进路）信号	操纵司机	绿灯，正线通过 绿黄灯，正线通过，注意运行 黄灯，正线 双黄灯，侧线，限速××km/h 黄闪黄，侧线，限速××km/h 红灯，机外停车	副司机 非操纵司机	绿灯，正线通过 绿黄灯，正线通过，注意运行 黄灯，正线 双黄灯，侧线，限速××km/h 黄闪黄，侧线，限速××km/h 红灯，机外停车

续上表

序号	呼唤时机	呼唤		应答		复诵	
		呼唤者	标准用语	应答者	标准用语	复诵者	标准用语
29	进站（接车进路）信号前	副司机 非操纵司机	引导信号 引导手信号 特定引导手信号 机外停车	操纵司机	一红一白，引号信号好了 黄旗、黄灯，引导手信号好了 绿旗、绿灯，特定引导手信号好了 机外停车	副司机 非操纵司机	一红一白，引号信号好了 黄旗、黄灯，引导手信号好了 绿旗、绿灯，特定引导手信号好了 机外停车
30	出站（发车进路）信号前	副司机 非操纵司机	出站（发车进路）信号	操纵司机	绿灯，出站（发车进路）好了 双绿灯，××（线、站）方向出站好了 绿黄灯，出站（发车进路）好了 黄灯，出站（发车进路）好了 红灯，停车	副司机 非操纵司机	绿灯，出站（发车进路）好了 双绿灯，××（线、站）方向出站好了 绿黄灯，出站（发车进路）好了 黄灯，出站（发车进路）好了 红灯，停车
		副司机 非操纵司机	确认路票 确认绿色许可证 确认红色许可证 确认调度命令	操纵司机	路票正确 绿色许可证正确 红色许可证正确 调度命令正确	副司机 非操纵司机	路票正确 绿色许可证正确 红色许可证正确 调度命令正确
31	站内开车前 转换载频后 侧线通过，机车进入股道内 半自动、自动站间闭塞区段机车越过上码点后 自动闭塞区段，侧线开车（通过）越过反方向进站信号机后 分歧方向车站，机车进入股道内、越过出站信号机后	副司机	机车信号	司机	绿灯（绿黄灯、黄灯、双黄灯、双黄闪、黄2灯、黄2闪） 红黄灯停车 白灯（红灯）注意	副司机	绿灯（绿黄灯、黄灯、双黄灯、双黄闪、黄2灯、黄2闪） 红黄灯停车 白灯（红灯）注意

续上表

序号	呼唤时机	呼唤		应答		复诵	
		呼唤者	标准用语	应答者	标准用语	复诵者	标准用语
32	进路表示器前	副司机 非操纵司机	进路表示器	操纵司机	××(线、站)方向好了 正、反方向好了	副司机 非操纵司机	××(线、站)方向好了 正、反方向好了
33	确认仪表时	副司机 非操纵司机	仪表注意	操纵司机	各仪表(网压)显示正常		
34	自动闭塞区段闭塞分区通过信号前	副司机 非操纵司机	通过信号	操纵司机	绿灯 绿黄灯 黄灯减速 红灯停车	副司机 非操纵司机	绿灯 绿黄灯 黄灯减速 红灯停车
35	线路所通过信号机前	副司机 非操纵司机	通过信号 确认行车凭证	操纵司机	绿灯,(××方向好了) 绿黄灯,(××方向好了) 黄灯减速,(××方向好了) 侧线限速××km/h、××方向好了 机外停车 线路所凭证正确	副司机 非操纵司机	绿灯,(××方向好了) 绿黄灯,(××方向好了) 黄灯减速,(××方向好了) 侧线限速××km/h、××方向好了 机外停车 线路所凭证正确
36	列车运行限制速度变速点前(由高速变低速)	操纵司机	前方限速××km/h	副司机 非操纵司机	注意控速	操纵司机	注意控速
37	交会列车时	副司机 非操纵司机	会车注意	操纵司机	注意		
38	输入侧线股道号	副司机 非操纵司机	输入侧线股道号	操纵司机	××道输入好了		
39	输入支线号	副司机 非操纵司机	输入支线号	操纵司机	支线号输入好了		
40	接近限制鸣笛标前	副司机 非操纵司机	进入限鸣区段	操纵司机	限制鸣笛	副司机 非操纵司机	限制鸣笛
41	接近防洪地点标	副司机 非操纵司机	进入防洪地点	操纵司机	注意运行	副司机 非操纵司机	注意运行
42	接近道口前	副司机 非操纵司机	道口注意	操纵司机	注意		
43	途中换班时	接班司机	换班注意	交班司机	加强瞭望(前方有限速);注意安全	接班司机	明白

任务实施

任务名称	途中运行	任务编号	5-3
任务目的	1. 掌握列车操纵示意图识读方法。 2. 掌握机车操纵提示卡识读方法。 3. 掌握列车运行中的注意事项。 4. 掌握安全行车注意事项。 5. 掌握途中运行时机车乘务员呼唤应答标准用语。		
任务实施	1. 列车操纵示意图包含哪些内容？ 2. 机车操纵提示卡包含哪些内容？ 3. 过分相时应注意哪些事项？ 4. 遇接触网故障或停电时，机车乘务员应怎样操作？ 5. 遇天气恶劣时，机车乘务员应怎样操作？ 6. 两人一组，模拟途中运行时机车乘务员双人值乘呼唤应答标准用语。		

评价反馈

考核项目	考核要点	分值	自评	互评	师评
实践能力	列车操纵示意图、机车操纵提示卡识读的掌握情况	15			
	列车运行中注意事项及安全行车注意事项的掌握情况	40			
	途中运行时机车乘务员呼唤应答标准用语的掌握情况	25			
职业素质	安全意识、遵章守纪、团队合作	20			
小计					
权重(自评30%+互评30%+师评40%)总分					

项目六

退　勤

任务一　终到及摘解机车作业

学习目标

1. 掌握进站停车作业标准。
2. 掌握直供电列车断电操作。
3. 掌握机车摘解作业流程。

相关知识

一、进站制动停车

1. 进站前减速

进入停车线停车时，提前确认 LKJ 显示距离与地面信号位置是否一致(图 6-1)。

2. 进站停车

按停车位置标或指定地点停车(图 6-2)，司机实施最大有效减压，确认列车管排风时间正常，进行最大有效减压联控，摘解机车前不得缓解列车制动。

到达终点站后，摘解机车前不得缓解列车制动。若地面无列车制动机试验设备或该设备临时发生故障时，司机应根据检车员的要求，试验列车制动机。牵引列车管定压 600 kPa 的货物列车到达机车换挂站后，应对列车管实施最大有效减压量(减压 170 kPa)。

二、直供电列车断电操作

(1)保持供电，接到车辆乘务员通知后方可卸载，断开主断路器、降下受电弓(内燃机车停止供电柴油机工作)，拔出供电钥匙(图 6-3)，在机车“列车供(断)电交接记录簿”签认时间、姓名。

(2)在机车与客车连接处将供电钥匙交客列检,客列检在机车“列车供(断)电交接记录簿”上签认时间、姓名。

(3)作业完毕后,客列检在机车与客车连接处将供电钥匙交回,并在机车“列车供(断)电交接记录簿”上签认时间、姓名。

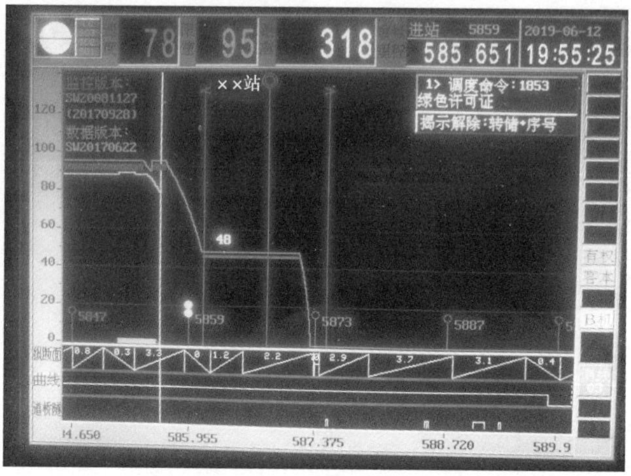

图 6-1　LKJ 进站界面

图 6-2　机车停车位置标

图 6-3　供电钥匙(HXD3D)

三、机车摘解作业

1. 机车乘务员负责摘解作业时作业过程

第一步　编组、区段站需在摘开机车前进行防溜作业的列车,列车进站前车站值班员须使用列车无线调度通信设备通知司机。

车站值班员:“××(次)司机,列车(车底)进站后,车站采取防溜措施后方可摘开机车。”

司机:“××(次)司机明白。”

第二步　副司机离开司机室前与司机共同确认达到最大有效减压量(货车 140 kPa,客车 170 kPa)、列车管排风停止。

司机："已达到最大减压量，可以摘管。"

副司机："可以摘管，副司机明白。"

第三步　副司机下车，确认机车距前方信号机距离、停留车辆中 2 辆处于制动状态、车体两侧防护信号撤除。

第四步　先关机次第一位车辆前部折角塞门，后关机车折角塞门，摘开机车与车辆连接的制动软管、总风软管，对车辆列车管进行适量放风。

第五步　在中间站及编组、区段站已通知司机摘开机车前需进行防溜作业的列车，确认相关作业人员已按规定采取防溜措施。

第六步　提开车钩，面向司机显示"机车向显示人反方向去"的信号。

第七步　司机确认机车距前方信号机距离，单缓机车制动，前移 2 m 以上停车(在设有固定脱轨器的线路上拔头，条件允许时，司机应直接将机车移至固定脱轨器外方后再停车)，副司机将机车制动软管、总风软管吊挂。需压缩车钩时司机也应单缓动车。

第八步　副司机回到机车后，司机将自阀手把移回运转位。

2. 由其他人员负责摘解作业时作业过程

第一步　列车停稳后，摘解人员与司机面对面确认列车管达到最大减压量。

摘解人员："××(次)确认已达到最大减压量。"

司机："××(次)已达到最大减压量，可以摘管。"

摘解人员："××(次)可以摘管，××明白。"

第二步　司机确认车体两侧防护信号撤除、摘解人员显示的"机车向显示人反方向去"或"摘解"信号后，单缓机车制动，前移 2 m 以上停车。

第三步　单班单司机值乘时，摘解人员负责吊挂机车制动、总风软管。

四、终到作业其他要求

(1)到达列车机车摘开后，应前移 20 m 以上距离。机车摘开仍在原线路停留，司机得到列检设置移动脱轨器距机车不足 10 m 的通知时，须注意不得向后移动。动车前，司机必须确认换向手柄位置，防止碰压脱轨器。

机车不能及时入段时，检查走行部(装有轴温监测装置且良好时可不检测轴温)，调车信号开放后应及时按信号要求作业。

(2)货物列车在得到列尾销号的通知，列车管压力低于 460 kPa 时，司机解除列尾"一对一"关系。电力机车牵引的货物列车设有检充点的车站终到或更换机车时，应按压列尾司机控制盒上的【断连】键；旅客列车终到后或途中换挂机车时，机车摘解前，司机应解除 LBJ 与 KLW 的对应关系。

(3)同一线路上，一端列车出发未出清股道时，线路内停留的机车不得跟随该列车同方向移动；在列车出清股道、机车信号显示红黄灯后方可移动至调车信号机前，按其显示运行。

(4)车站通知同一线路内有机车或车列停留时，司机要注意瞭望、控制速度。站内、段内同一线路上，两台及以上的机车转线时（重联时除外），前行机车越过调车信号后，该调车信号未关闭、再开放前，后续机车不得越过。

（5）货物列车在停车处地面与车站接收票据人员进行交接、签字；由乘务员携带客运列车编组顺序表、客运列车挂车通知单时，与车站进行交接。

如车站无人接取货运票据时，机车乘务员使用列车无线调度通信设备通知车站。

任务实施

任务名称	终到及摘解机车作业	任务编号	6-1
任务目的	1. 掌握进站停车作业标准。 2. 掌握直供电列车断电操作。 3. 掌握机车摘解作业流程。		
任务实施	1. 进站前减速应做到哪些事项？ 2. 进站停车时的注意事项有哪些？ 3. 叙述直供电列车卸载时机与电钥匙管理要求。 4. 叙述机车摘解作业流程。		

评价反馈

考核项目	考核要点	分值	自评	互评	师评
实践能力	进站停车作业标准的掌握情况	20			
	直供电列车断电操作的掌握情况	20			
	机车摘解作业流程的掌握情况	40			
职业素质	安全意识、遵章守纪、团队合作	20			
小计					
权重(自评 30%＋互评 30%＋师评 40%)总分					

任务二 退勤作业

学习目标

1. 掌握整备交班作业内容。
2. 掌握退勤作业内容。

相关知识

一、整备交班

司机在到达本次运用目的地后退勤之前要与整备人员进行机车的交接工作，即整备交班。

整备交班作业内容：

(1)机车入库到达与整备人员交接地点后，本务司机在没有与整备人员对口交接前严禁离开司机室，同时取下换向手柄并严防任何登车人员擅自对操纵台各手柄进行操作，直至整备人员接车。

(2)对不良处所提票修理并及时填记“机车交接班记录簿”或机统—6。机车制动系统故障检修时，须放置铁鞋并拧紧人力制动机(停放制动、蓄能制动)；更换闸瓦时须关闭相关截断塞门，保持机车制动，不得同时关闭两台车截断塞门。包乘制机班，按规定对机车进行检查、保洁、整备；轮乘机班，对两端司机室进行彻底清扫。

(3)不能对口交接时，拧紧人力制动机(停放制动、蓄能制动)，方可降下受电弓或停止柴油机工作，关闭或开放相关止阀，锁好车窗、门。下车后，立即放置铁鞋牢靠固定，鞋尖紧贴车轮踏面。按规定交接电钥匙、换向手柄、车门钥匙。

(4)单班单司机值乘的机车，在管内机车入库时，交班司机与整备人员在入库闸楼或指定的交车地点处交接防护用品及工具、燃油(耗电量)及机车质量信息等后退勤(集中到达、恶劣天气影响或特殊情况时除外)。

二、退勤作业

退勤作业是一次乘务作业的最后一个环节。退勤前，司机应复核司机报单填记是否正确，对本次列车的早、晚点情况进行分析并作出记录、报告调度员非正常行车情况，对监控装置检索分析问题及超劳运行等情况做出说明，上交司机手册、报单、列车时刻表后办理退勤，至此司机一次乘务标准化作业就完成了。退勤作业包括以下事项。

(1)转储监控数据，确认车次齐全。

(2)填记司机报单,对本次列车早晚点情况进行分析、记录。检查司机报单、司机手册填记情况,开好退勤小组会,总结一次乘务作业情况。

(3)对运行中发生的非正常情况,按规定填写“机调—18”,反映真实情况、协助分析。

(4)机班全员到退勤调度员处退勤,交回列车时刻表、司机报单、机车乘务员乘前休息证明书、司机手册、运行揭示(施工明示图)、手持电台(G网手持终端)及调车作业通知单、书面调度命令、非正常行车凭证及通知书等。机车乘务组人员不齐时,不得退勤。

(5)司机:“××次(调)机班退勤。”机班按压指纹退勤,进行测酒,核对LKJ文件齐全。

(6)司机汇报本次列车运行情况及有关信息,并进行相关登记,发生失控信息时,司机在本段派班室退勤时应向退勤调度员报告。退勤调度员准许后退勤。

(7)机车在自外段、异地车间入段或在所属车间派班室所在地交班时,机班全员须至派班室退勤登记。在外段车站换班的可采取电话退勤的方式(派班室设在公寓内时除外)。

任务实施

任务名称	退勤	任务编号	6-2
任务目的	1. 掌握机车乘务员整备交班作业内容。 2. 掌握机车乘务员退勤作业内容。		
任务实施	1. 叙述整备交班作业内容。 2. 叙述退勤作业内容。		

评价反馈

考核项目	考核要点	分值	自评	互评	师评
实践能力	整备交班作业内容的掌握情况	40			
	退勤作业内容的掌握情况	40			
职业素质	安全意识、遵章守纪、团队合作	20			
小计					
权重(自评 30%+互评 30%+师评 40%)总分					

参 考 文 献

[1]中华人民共和国铁道部.铁路机车操作规则[S]. 北京:中国铁道出版社,2013.

[2]中国国家铁路集团有限公司机辆部. 铁路机务运用[M]. 北京:中国铁道出版社有限公司,2022.

[3]朱鹏飞,郑睿. 机车乘务作业[M]. 北京:中国铁道出版社有限公司,2022.

[4]弥耀翟. 机车乘务员一次乘务作业实训手册[M]. 北京:中国铁道出版社,2018.

[5]中国铁路总公司. 铁路技术管理规程(普速铁路部分)[S]. 北京:中国铁道出版社,2014.